Adria

TRUE CRIME

DEUTSCHLAND

WAHRE VERBRECHEN – ECHTE KRIMINALFÄLLE

Adrian Langenscheid

TRUE CRIME DEUTSCHLAND

WAHRE VERBRECHEN – ECHTE KRIMINALFÄLLE

Über dieses Buch:

Kaltblütige Morde, eine tragische Entführung und ein aufsehenerregender Raub – fünfzehn True Crime – Kurzgeschichten zu echten deutschen Kriminalfälle aus dem wahren Leben. Auch die Richter, die Staatsanwälte und die Strafverteidiger lässt es nicht kalt, wenn Angeklagte wegen besonders grausamer Taten vor Gericht stehen und die erschütternden Schicksale der Opfer und ihrer Angehörigen nach und nach ans Licht kommen. Im Idealfall sorgt das abschließende Urteil für die gerechte Bestrafung der Täter. – Im Idealfall.

Über den Autor:

Adrian Langenscheid ist Lehrer, Musiker, und Lehrfilmproduzent. Seine Arbeit über mehrere Disziplinen hinweg widmet sich weitgehend der Erzählung menschlicher Erfahrung und dem Sinn des Lebens. Als Musiker erhielt er mehrere Independenz Preise. Seine Pädagogische Arbeit wurde mit unterschiedlichen Bildungspreisen geehrt. Dieses leidenschaftliche True Crime Debut ist bei Amazon veröffentlicht Zusammen mit seiner Frau und Kindern lebt Adrian in Stuttgart, Baden Württemberg.

Autor: Adrian Langenscheid

ISBN: 9781099828935

1. Auflage Juni 2019

© 2019 Stefan Waidelich Dachenhäuserweg 44.71101 Schönaich

Druckerei: Amazon Media EU S.á r.l., 5 Rue Plaetis, L-2338, Luxembourg

CoverBild: © Canva

Covergestaltung: Pixa Heros Stuttgart

Inhalt

Einleitung

Gehören Sie auch zu den zahllosen leidenschaftlichen Fans von Krimis? Macht es Ihnen Spaß, mitzufiebern und schon vor dem Ende eines spannenden Buches oder Films zu erraten, wer denn nun der Täter ist?

Die interessantesten, berührendsten aber auch schockierendsten Geschichten schreibt das wahre Leben. Was sich vor unserer eigenen Haustür abspielt, kann absolut unbegreiflich und zutiefst erschütternd sein.

In diesem Buch stellen wir Ihnen 15 Kriminalfälle vor, die sich tatsächlich ereignet haben, – und das vor gar nicht allzu langer Zeit und vielleicht sogar in Ihrer unmittelbaren Umgebung.

Schonungslos präsentieren wir die wahren Fakten. Geändert wurden ausschließlich die Namen der Beteiligten.

Bei allen in diese Verbrechen verwickelten Personen sind vor allem starke Emotionen im Spiel, die beispielsweise die Täter dazu veranlassen, das Verbrechen zu begehen. Die Straftaten können, für die Opfer und für alle, die ihnen nahestehen, die Welt zum Einsturz bringen.

Stimmt es wirklich, dass die überwiegende Anzahl aller Verbrechen aus Leidenschaft begangen wird? Trifft es zu, dass unter bestimmten Voraussetzungen jeder von uns dazu fähig ist, einen anderen Menschen zu töten?

Wäre es im Vorfeld möglich gewesen, manche dieser Verbrechen zu verhindern?

Beim Lesen der folgenden Geschichten können Sie sich selbst ein Bild machen.

Lassen Sie sich von dreizehn grausamen, aber völlig unterschiedlichen Mordfällen, einer spektakulären Entführung und einem aufsehenerregenden Diebstahl mitreißen, zum Miträtseln inspirieren und zu Tränen rühren!

Empfinden Sie den nahezu unvorstellbaren Schmerz der Opfer und ihrer Angehörigen nach! Spüren Sie die schreiende Ungerechtigkeit, wenn der Täter in manchen Fällen nicht ermittelt werden kann oder wenn er am Ende ungeschoren davonkommt!

Amüsieren Sie sich über einen außergewöhnlichen, bis heute unvergessenen Diebstahl! Versetzen Sie sich in die Lage der Beteiligten und staunen Sie darüber, wie die Realität selbst die ausgeprägteste Vorstellungskraft in den Schatten stellen kann!

Beim Lesen dieser Geschichten werden Sie lachen und weinen, verblüfft, entsetzt und sprachlos sein.

Kapitel 1:

Ein zweifacher Mord ohne klar erkennbare Motive

An einem der ersten Frühlingstage des Jahres klopft ein Nachbar bei der Familie des neunjährigen Stefan an.

In seinem näheren Umfeld kennt man den aufgeweckten Jungen als einen begeisterten Fußballfan. Vor allem schätzt man seine Freundlichkeit und seine Hilfsbereitschaft.

Weil er sich am Morgen nicht wohlgefühlt hat, ist Stefan an diesem Tag nicht zur Schule gegangen. Also lässt er sich nicht lange bitten und stimmt sofort zu, dem 19-jährigen Nachbarn beim Halten der Leiter für die in seinem Haus geplanten Arbeiten zu helfen.

Inzwischen geht es Stefan zum Glück schon wieder besser. Mit einem kurzen, fröhlichen Winken verabschiedet er sich von seiner Mutter. Dass dies ein Abschied für immer sein würde, kann zu diesem Zeitpunkt keiner ahnen. Aber Stefan kommt anschließend nie mehr zurück nach Hause.

Nachdem mehrere Stunden vergangen sind und der Abend naht, beginnt die Familie des Neunjährigen, überall nach ihm zu suchen.

Natürlich klingeln sie zuerst bei dem Nachbarn, den er begleitet hat. Dort ist aber niemand anzutreffen.

Ganz allmählich verwandelt sich die anfängliche Nervosität der Familie in stetig zunehmende Angst. Wo könnte Stefan denn bloß stecken? Bisher ist er noch nie so lange weggeblieben, ohne sich vorher bei seinen Eltern abzumelden. In den letzten Stunden scheint ihn in der Nachbarschaft keiner gesehen zu haben.

Mit schlimmen Vorahnungen umrundet die inzwischen verzweifelte Familie das stille, dunkle Haus ihres Nachbarn. Als der Stiefvater des Jungen feststellt, dass die Terrassentür offen steht, kann ihn nichts mehr zurückhalten. In extremen Ausnahmesituationen wie dieser verlieren die üblichen Verhaltensregeln ihre Gültigkeit.

Die Familienmitglieder verteilen sich im Inneren des Hauses. Während sie das Haus durchsuchen, rufen sie ununterbrochen Stefans Namen.

Schließlich geht der ältere Sohn der Familie hinunter in den Keller. Kurz darauf schreit er in heller Panik auf: „Kommt hierher! Beeilt euch! Hier ist alles voller Blut. Stefan stirbt."

Einer der Nachbarn, die das Geschehen von draußen verfolgt haben, stürmt ebenfalls in den Keller und versucht augenblicklich, den Jungen wiederzubeleben. Leider zeigen seine Bemühungen nicht den geringsten Erfolg.

Gemäß der späteren Einschätzung des Notarztes war Stefan zu diesem Zeitpunkt nämlich bereits seit mehr als einer Stunde tot.

Ermordet wurde der nur noch mit seiner Unterhose bekleidete Junge durch zahllose Messerstiche im Bereich seines Bauches.

Beim Auffinden der Leiche ihres Kindes wird die Welt für die gesamte Familie aus den Angeln gehoben. Selbst die an den Fundort gerufenen Sanitäter können ihre Tränen beim Anblick des ermordeten Jungen nicht mehr zurückhalten. Der nahezu apathische Stiefvater des Neunjährigen fleht sie an, seinen Jungen zu retten. Die Mutter weint bitterlich und ruft pausenlos nach ihrem Kind.

Zwangsläufig richtet sich der Verdacht der Ermittler von Anfang an auf den 19-jährigen Nachbarn, in dessen Haus man die Leiche entdeckt hat. Von diesem fehlt aber seit seinem Erscheinen bei der Familie des Opfers jede Spur.

Die Fahndung nach dem arbeitslosen Tatverdächtigen wird umgehend eingeleitet. Dabei durchsuchen die Ermittler unter anderem ein Gymnasium und ein Krankenhaus in der Nähe des Tatorts. Gleichzeitig werden Handzettel mit einer detaillierten Beschreibung des Verdächtigen verteilt. Daraufhin gehen bei der Polizei innerhalb von drei Tagen mehr als 1.400 Hinweise aus der Bevölkerung ein.

Auch der Stiefvater des ermordeten Jungen, zu dessen Freundeskreis die Mitglieder einer bekannten Rocker-Gruppe gehören, verkündet, man würde Ausschau nach dem Täter halten.

Um die hierdurch drohende Selbstjustiz zu verhindern, stürmt die Polizei am darauffolgenden Abend das Clubhaus der Rocker-Gruppe. Dieser können sie diesbezüglich allerdings keine ernsthaften Absichten nachweisen.

Am Abend des dritten Tages der Fahndung stellt sich der Verdächtige, dessen linke Hand Verletzungen aufweist, in einem Schnellimbiss der Polizei. Dabei informiert er die Beamten über einen Wohnungsbrand in der Nachbarschaft.

Nachdem dieser Brand gelöscht ist, ruft die Feuerwehr die Ermittler hinzu. In der ausgebrannten Wohnung befindet sich nämlich ein weiteres männliches, ebenfalls durch mehrere Messerstiche getötetes Opfer. Bei diesem handelt es sich um den 22-jährigen Bekannten des Tatverdächtigen, bei dem er nach dem ersten Mord Unterschlupf gesucht hatte.

Daraufhin gesteht und beschreibt der Verdächtige die beiden Morde vollkommen kühl und unbeteiligt. Als den möglichen Auslöser für seine Taten kann er nur seine Enttäuschung über die Absage auf seine Bewerbung bei der Bundeswehr angeben. Weitere Gründe nennt er nicht.

Erst jetzt erhalten die Ermittler den endgültigen Beweis dafür, wie eng diese beiden Morde miteinander verbunden sind. Bei der Suche nach einem Motiv und nach einer Erklärung tappen sie aber auch weiterhin im Dunkeln. Während seiner Vernehmungen bleibt der Tatverdächtige durchweg erschreckend kalt und emotionslos.

Mit mehreren Fotos seines ersten, neunjährigen Mordopfers hatte er im Anschluss an das Verbrechen sogar im Internet geprahlt. Ebenso unbegreiflich ist das Detail, dass einer seiner Bekannten diese Bilder auch noch über WhatsApp verbreitete. Andere Benutzer, die diese Bilder gesehen hatten, forderten ihn daraufhin dazu auf, die Polizei zu informieren.

Warum kam er nicht selbst auf diese Idee? Was hat ihn dazu bewogen, diese grauenvollen Bilder weiter zu verteilen?

Weil sie sich auf einem amerikanischen Server befanden, konnten die Fotos nicht einmal gelöscht werden, um der Familie des Opfers den zusätzlichen Schmerz zu ersparen.

Diese beiden sinnlosen Morde erregten deutschlandweit und im benachbarten Ausland viel Aufsehen und erschütterten jeden, der die Berichte verfolgte.

An der Gedenkfeier für die beiden Mordopfer nahmen mehr als 800 Menschen teil. Da die Kirche maximal 500 Menschen Platz bietet, verfolgten die restlichen rund 300 Trauernden die über Lautsprecher übertragene Feier draußen vor der Kirche.

Für die Beisetzung des neunjährigen Opfers erteilte die Stadt eine Sondergenehmigung für ein Begräbnis auf einem Friedhof, auf dem seit Jahren keine Beerdigungen mehr stattfanden. Hier erschienen rund 1.000 Trauergäste, unter anderem auch mehrere mit dem Stiefvater des Jungen befreundete Rocker-Gruppen.

Mehr als 600 Trauergäste fanden sich wenige Tage darauf beim Begräbnis des 22-jährigen Mordopfers ein.

Ein halbes Jahr später wurde die Hauptverhandlung gegen Matthias N. eröffnet. Der Bruder und der Stiefvater des neunjährigen Mordopfers waren dieser enormen emotionalen Belastung nicht gewachsen und nicht dazu in der Lage, als Zeugen auszusagen. Die Eltern des mutmaßlichen Täters machten von ihrem Aussageverweigerungsrecht Gebrauch.

Aufgrund der eindeutigen und lückenlosen Ergebnisse der Ermittlungen wurde Matthias N. im Januar des folgenden Jahres vom Landgericht nach Erwachsenenstrafrecht verurteilt. Wegen zweifachen Mordes und wegen der besonderen Schwere seiner Schuld muss der Täter eine lebenslange Freiheitsstrafe verbüßen.

Insgesamt hatte er seinen beiden Opfern mehr als 120 Messerstiche zugefügt. Er selbst äußerte sich vor Gericht nicht zu seinen Taten.

Die vom Gericht bestellte Gutachterin beschrieb die Persönlichkeit des Mörders als psychopathisch, sadistisch und narzisstisch.

Als noch wesentlich erschreckender empfanden die bei dem Prozess anwesenden Personen die Aussage der Schwester des Täters. Diese stand deutlich spürbar unter starkem Druck, fühlte sich aber trotz ihres Rechts zur Aussageverweigerung dazu verpflichtet, alle Fragen wahrheitsgemäß zu beantworten. Sie gab an, dies den Müttern der beiden Opfer schuldig zu sein. Außerdem hatte sie den neunjährigen Sohn ihrer früheren Nachbarn sehr gemocht und fest daran geglaubt, dass aus ihm einmal etwas ganz Besonderes werden könnte.

Unter anderem erklärte sie, ihr Bruder wäre sein ganzes Leben lang gewalttätig, gefühlskalt, gleichgültig und einsam gewesen. Nachdem er seine Lehrerin in der ersten Klasse mit einer Schere bedroht hatte, befand er sich im Alter von sieben oder acht Jahren zum ersten Mal in Therapie.Auch sie hätte schon von klein auf Angst vor ihm gehabt und ihre Freunde vor ihm gewarnt. So stolz wie nach den beiden Morden hätte sie ihren Bruder vorher noch nie gesehen.

Ihre Aussage beendete die Schwester des Täters mit den ergreifenden Worten, sie wären zwar einmal Geschwister gewesen, aber mit dem Jungen, der dort vor ihr sitzt, möchte sie nichts mehr zu tun haben.

Wäre vielleicht alles anders gekommen, wenn man das auffällige Verhalten des Täters und seinen Hang zur Gewalt rechtzeitig ernst genommen hätte? Würden seine beiden Opfer in diesem Fall heute noch leben?

Kapitel 2:

Mord im Penthouse

Im Mai 2006 ist es in Süddeutschland bereits angenehm warm und sonnig. Selbst in den Großstädten spürt man die zunehmende Vorfreude auf den nahenden Sommer.

Überall grünt und blüht es. Die Biergärten sind gut besucht und die Einheimischen genießen die lauen Abende an der frischen Luft ebenso wie die Touristen. In dieser Jahreszeit erwacht das fast schon südländische Flair der Stadt unübersehbar zum Leben.

Die 59-jährige, seit dem Tod ihres Mannes alleinstehende und äußerst wohlhabende Clara B. zählt zu den wenigen Einwohnern, die sich von den Frühlingsgefühlen nicht anstecken lassen. An ihrem geregelten Tagesablauf kann das Wetter nichts ändern.

Ihr ganzes Leben lang war sie außerordentlich diszipliniert und hat ihr Geld zusammengehalten. Jetzt lebt sie endlich in dem Luxus, von dem sie als Kind in ihrer Heimat in Osteuropa geträumt hat.

Zu diesem Luxus gehört ihre geschmackvoll eingerichtete Penthouse-Wohnung in einem der noblen Stadtviertel. Hier fühlt sie sich wohl und geborgen. Sie ist zwar seit elf Jahren verwitwet, deshalb aber noch lange nicht einsam.

In ihrem streng nach Plan verlaufenden Alltag spielen ihre Freunde und ihre feststehenden Routinen eine wichtige Rolle. Wer sie näher kennt, schätzt vor allem ihre Ehrlichkeit und ihre Zuverlässigkeit.

An einem milden Frühsommerabend greift Clara B. nach ihrer Handtasche, um ihre Wohnung zu verlassen. Wie an jedem Montagabend ist es Zeit für ihren Stammtisch. Dort möchte sie auch heute so pünktlich wie immer erscheinen.

Was sich nach dem Öffnen ihrer Wohnungstür höchstwahrscheinlich abgespielt hat, beruht auf den Ergebnissen der späteren Ermittlungen.

Vor ihrer Tür wartet ein schwarz gekleideter Mann auf sie. In der Dunkelheit des Treppenhauses verschmilzt er förmlich mit der Wand. Da dieser Mann mit ihren regelmäßigen Gewohnheiten vertraut ist, weiß er, dass Clara B. ihre Wohnung an jedem Montag zur exakt gleichen Uhrzeit verlässt. Alles weist darauf hin, dass er diesen Zeitpunkt ganz gezielt ausgewählt hat.

Noch bevor Clara B. einen Fuß nach draußen setzen kann, drängt sie der Mann zurück in ihre Wohnung. Ohne ein einziges Wort zu sagen, beginnt er im selben Moment auch schon, mit einem harten, schweren Gegenstand auf sie einzuschlagen.

Insgesamt wird Clara B. von 24 brutalen Schlägen auf den Kopf getroffen.

Am folgenden Tag entdeckt man ihre Leiche am Fuß einer Wendeltreppe in ihrer Wohnung. Hat sie unmittelbar vor ihrem Tod vielleicht noch versucht, auf dieser Treppe nach oben zu flüchten? Reichte ihre Kraft dafür noch aus?

Die Obduktion des Opfers führt zu dem Ergebnis, dass Clara B. vermutlich mit einem Hammer oder mit einem ähnlichen Werkzeug erschlagen wurde. Gemäß der Aussage des gerichtsmedizinischen Sachverständigen verursachten die Schläge starke Blutungen, eine zentrale Lähmung und schwere Schädel-Hirn-Verletzungen.

Am Kopf des Opfers sind schwarze Lackspuren zurückgeblieben. Die Tatwaffe wird aber nie gefunden.

Schon bald richtet sich der Verdacht der Ermittler auf den Neffen der Ermordeten, der beim Auffinden ihrer Leiche anwesend war. Ihrer Ansicht nach kommt außer ihm niemand ernsthaft infrage.

Bei dem Motiv tippt man auf reine Habgier. Er soll seine Tante getötet haben, um sich sein Erbe vorzeitig zu sichern. Diese Annahme wird durch die Tatsache bekräftigt, dass Klaus K., der Neffe des Opfers, gerade sein Studium abgebrochen hatte. Befürchtete er, seine Tante würde ihm aus diesem Grund zukünftig den Geldhahn abdrehen?

Im Laufe der Befragungen beteuert Klaus K. wieder und wieder seine Unschuld.

Gemäß seiner eigenen Aussage lag er am Tag des Mordes mit einer schweren Erkältung im Bett. Weil es hierfür keine Zeugen gibt, kann er kein Alibi vorweisen.

An der Kleidung des Opfers und an dem Briefumschlag des Testaments stellen die Ermittler DNA-Spuren sicher, die sich Klaus K. zuordnen lassen. Diesen Beweis betrachtet die Verteidigung als bedeutungslos, weil der Verdächtige in der Wohnung seiner Tante ein und aus ging. Demzufolge hätte er seine DNA ebenso gut zu einem früheren Zeitpunkt dort hinterlassen können.

In der Geldbörse des Verdächtigen finden die Ermittler mehrere 500 Euro-Scheine mit DNA-Spuren seiner Tante und mit winzigen Blutpartikeln. Von wem dieses Blut stammt, kann die Rechtsmedizinerin nicht eindeutig feststellen.

Schließlich beantragt die Verteidigung eine 3D-Rekonstruktion des Tatorts. Dabei soll vor allem geklärt werden, ob der Täter Links- oder Rechtshänder war. Die Untersuchungen haben ergeben, dass es sich bei dem Mörder mit hoher Wahrscheinlichkeit um einen Rechtshänder handelt. Zunächst spricht dies für den Linkshänder Klaus K. Aber auch die Simulation des Tathergangs bringt keine endgültige Klarheit, weil ein Linkshänder mit der entsprechenden Waffe in der rechten Hand ebenso hart zuschlagen kann.

Noch mysteriöser wird der Fall, als im Penthouse des Opfers DNA-Spuren sichergestellt werden, die der DNA vom Schauplatz eines anderen Mordes gleichen. Da diese aber verunreinigt sind, lässt das Gericht sie später nicht als Beweismittel zu.

Im Mai 2007 beginnt die Hauptverhandlung gegen Klaus K., die sich mit mehr als 90 Verhandlungstagen über 15 Monate hinzieht. Am

Ende reichen die vorliegenden Indizien, das vermutliche Motiv, das fehlende Alibi und das Verhalten des Angeklagten nach dem Mord für das Gericht aus, um ihn zu einer lebenslangen Freiheitsstrafe zu verurteilen.

Zusätzlich soll er seiner Tante im Jahr vor der Tat mehr als 3.500 Euro gestohlen haben, was das mutmaßliche Motiv der Habgier erhärtet. Auch sein unmittelbar vor der Tat abgebrochenes Studium, von dem Clara B. noch nichts wusste, und die langjährigen Demütigungen durch seine Tante scheinen seine Schuld zu untermauern. Mehreren Zeugenaussagen zufolge nutzte sie jede Gelegenheit, um ihn zu maßregeln und um über sein Leben zu bestimmen. Selbst bei der Auswahl seiner Freundin hätte sie mitreden wollen.

Dennoch hält die Verteidigung mit Nachdruck daran fest, dass Klaus K. unschuldig ist.

Beispielsweise soll der Angeklagte am Tag des Verbrechens mit einem Fahrrad zum Tatort gekommen sein, das er noch am selben Abend im Parkhaus mit einem Hochdruckreiniger säuberte. Hätte er die unter Umständen vorhandenen Blutspuren tatsächlich in aller Öffentlichkeit beseitigt? Sein Verteidiger geht davon aus, dass dies kein Mensch mit einem zumindest ansatzweise klaren Verstand tun würde.

Nicht ganz unwesentlich ist auch die allgemein bekannte Tatsache, dass Clara B. kein Vertrauen zu den Banken hatte und deshalb ständig außergewöhnlich viel Bargeld in ihrer Wohnung aufbewahrte. Mehrere Zeugen behaupten, dieses hätte sie zum Teil in Plastiktüten aufbewahrt. Am Tatort im Penthouse des Opfers fand man zahlreiche Schubladen und Schränke aufgerissen vor. Nur der Tresor war noch verschlossen.

Kann man von einem Raubmord ausgehen, wenn niemand weiß, wie viel Geld sich in der Wohnung befand und ob überhaupt etwas gestohlen wurde?

Einige Zeugen brachten den rätselhaften Zufall zur Sprache, dass sich einer der Freunde des Mordopfers permanent in finanziellen Schwierigkeiten befand. Nach der Tat wäre er laut ihrer Aussagen auf einmal von seinen Geldsorgen befreit gewesen.

Selbst ein Mord-Komplott, an dem mehrere Freunde der Ermordeten beteiligt gewesen sein sollen, hält ein sogenannter Insider für vorstellbar.

Beweisen lässt sich davon nichts. Demzufolge lässt sich das Gericht nicht davon beeindrucken und der Urteilsspruch steht fest.

Die Verteidigung legt gegen das Urteil Berufung ein, aber der Bundesgerichtshof bestätigt die ursprüngliche Entscheidung des Gerichts.

Von dem Nachlass des Opfers hätte Klaus K. unter normalen Umständen genau die Hälfte zugestanden. Diesen Erbanteil erklärt das Gericht in Verbindung mit dem Urteilsspruch für „verfallen".

Dadurch würde die Hälfte des Vermögens von Clara B. dem Staat zufallen.

Im Frühjahr 2011 reicht der Bruder von Klaus K. in einem Zivilprozess Klage wegen Erbunwürdigkeit gegen den Verurteilten ein. Dies tut er aber nicht, um ihm zu schaden. Stattdessen möchte er damit verhindern, dass der Staat die Hälfte des Erbes erhält, und die Justiz dazu zwingen, ein weiteres Beweisverfahren zu eröffnen. Die gesamte Familie von Klaus K. steht nämlich nach wie vor hinter ihm und glaubt fest an seine Unschuld. Im Anschluss an die Verurteilung bot sie für neue sachdienliche Hinweise zur Überführung des wahren Täters sogar eine Belohnung in Höhe von 250.000 Euro an.

Weil sich Klaus K. nicht gegen die zivilrechtliche Klage seines Bruders verteidigen will, wird seinem Bruder letztendlich das gesamte Erbe zugesprochen und der Staat geht leer aus.

Wenig später fordert eine Gruppe von Unterstützern von Klaus K. eine Wiederaufnahme des Verfahrens. Dieser Antrag wird vom Landgericht und anschließend vom Oberlandesgericht abgewiesen. Mindestens bis zum Jahr 2028 wird Klaus K. noch in Haft bleiben.

Im Februar 2019 beantragt er beim Landgericht erneut die Wiederaufnahme des Verfahrens.

Seine Unschuld beteuert er bei jeder sich bietenden Gelegenheit mit dem gleichen Satz: „Ich habe ein reines Gewissen."

Kapitel 3:

Schüsse im Wald

Seit vielen Jahren lebt der Oberlandeskirchenrat Richard A. mit seiner Frau Regina und mit seinen beiden inzwischen schon fast erwachsenen Kindern in einem hübschen Haus am Waldrand. Bei ihren Nachbarn ist die glückliche Familie allgemein beliebt.

Dem viel beschäftigten Richard A. bleibt neben seiner verantwortungsvollen Tätigkeit für die Evangelisch-Lutherische Kirche und seiner Mitgliedschaft in der Synode der Evangelischen Kirchen in Deutschland nur wenig Freizeit. Sobald sich eine der seltenen Gelegenheiten dafür bietet, sammelt der Naturfreund beim Reiten und bei der Jagd neue Kräfte. Aus diesem Grund hat er vor einiger Zeit ein nahe gelegenes Waldstück gepachtet.

Gern bezeichnen die Eheleute diesen Wald als ihr eigenes kleines Stückchen vom Paradies, in dem sie sich von der Hektik ihres Alltags erholen und Ruhe und Frieden finden können.

Zu ihren regelmäßigen Gewohnheiten zählen die Waldspaziergänge mit ihrem Jagdhund, die sie bei Wind und Wetter unternehmen. Und weil sie diese so sehr genießen, fallen sie sonntags meist etwas länger aus.

Auch an dem nasskalten, düsteren Sonntagmorgen im Februar 1997, der das Leben der Familie für immer verändern soll, freuen sie sich auf ihren geliebten Rundgang durch den Wald.

Zu dieser Zeit lebt und studiert ihre Tochter bereits in einem anderen Bundesland. Ihr jüngerer Bruder, der das Gymnasium besucht und kurz vor dem Abitur steht, wohnt noch bei seinen Eltern.

Auch an den Sonntagen ist die Familie schon früh auf den Beinen. Dass man sich bei einem gemeinsamen Frühstück über die wichtigsten Ereignisse der vergangenen Woche austauscht, gehört seit Jahren zu ihren festen Gepflogenheiten.

Wie immer wird der Hund der Familie ziemlich schnell unruhig, weil es ihn nach draußen in sein persönliches Jagdrevier zieht. Deshalb verabschieden sich die Eltern schon bald gut gelaunt von ihrem Sohn, der zu Hause für eine bevorstehende Prüfung lernen muss.

Bis zu diesem Moment ist alles genau rekonstruierbar. Was sich im Anschluss daran im Wald ereignet, stützt sich ausschließlich auf die Ergebnisse der späteren Ermittlungen.

Höchstwahrscheinlich hören die Eheleute während ihres Spaziergangs wie aus heiterem Himmel Schüsse. Da sich Richard A. für sein Waldstück verantwortlich fühlt, beschließt er augenblicklich, der Sache auf den Grund zu gehen. Veranstaltet dort etwa jemand illegale Schießübungen?

Dies wird der Pächter unter gar keinen Umständen zulassen. Um herauszufinden, was dort vor sich geht, weichen die beiden kurz entschlossen von ihrem Weg ab. Durch das dichte Unterholz nähern sie sich Schritt für Schritt dem Ausgangspunkt der Schüsse.

Kurz darauf stehen sie auf einer kleinen Lichtung vor dem einen oder vielleicht auch vor mehreren Schützen, die so tief im Wald nicht einmal ansatzweise mit der rein zufälligen Entdeckung ihres Tuns gerechnet hatten.

Mit ziemlicher Sicherheit fordert Richard A. den oder die Schützen völlig unerschrocken auf, das Schießen sofort einzustellen. Vermutlich droht er ihnen im selben Atemzug mit einer Anzeige bei der Polizei.

Daraufhin kommt es zunächst zu einer verbalen Auseinandersetzung zwischen dem oder den Schützen und den unerwünschten Zeugen.

Innerhalb von Sekunden eskaliert die Situation. Weil sich Richard A. nicht durch Drohungen einschüchtern lässt, werden die Eheleute und ihr Hund urplötzlich zur Zielscheibe.

Wohl vor allem aus Angst vor der drohenden Anzeige geben der oder die Täter auf das Ehepaar und den Hund mehrere gezielte Pistolenschüsse ab.

Richard A. kommt durch je zwei Schüsse in seinen Kopf und in den Unterleib und seine Frau durch zwei Kopfschüsse ums Leben. Auch ihr treuer Jagdhund erliegt noch am Tatort seinen schweren

Schussverletzungen. Ganz gewiss hatte er noch versucht, sein Herrchen und sein Frauchen zu verteidigen.

Da sich zu diesem Zeitpunkt keine weiteren Personen in der Nähe des Tatorts aufhielten, gelingt es dem oder den Tätern, ungesehen zu entkommen. Ihre aus nächster Nähe erschossenen Opfer lassen sie auf der Lichtung zurück.

Gegen 13.00 Uhr entdecken zwei Spaziergänger aus einem Nachbarort die Leichen des Ehepaares und des Hundes im Wald.

Am Tatort findet die Polizei zahlreiche Patronen und Patronenhülsen. Sogar auf einen Wegweiser ist mehrmals geschossen worden. Die beiden Pistolen, aus denen die Patronenhülsen stammen, hatten Unbekannte einige Wochen zuvor aus einer Anwaltskanzlei entwendet. Die Anzeige zu diesem Diebstahl liegt ordnungsgemäß vor.

Die Öffentlichkeit zeigt sich außerordentlich bestürzt und nimmt regen Anteil am Schicksal der beiden Mordopfer. Als ein Beweis hierfür dient unter anderem die große Anzahl der Trauernden, die sich zu dem Gedenkgottesdienst und zur Beisetzung des Ehepaares durch den damaligen Landesbischof einfindet.

Für sachdienliche Hinweise zur Ergreifung der Täter stellt die Polizei eine hohe Belohnung in Aussicht. Trotz der umfassenden Untersuchungen des Tathergangs gelingt es den Ermittlern aber erst vier Jahre später, einem zu der Zeit 34-jährigen Verdächtigen die Beteiligung an dieser Tat nachzuweisen. Überführt wird der

Verdächtige aufgrund der Analyse von DNA-Proben, da eine am Tatort gefundene Zigarettenkippe eindeutig von ihm stammt. Bisher war der Verdächtige der Polizei als Einbrecher bekannt. Wegen seiner Beteiligung an einem Raub hatte man seine DNA bereits sechs Jahre vor den Morden in die Datenbank aufgenommen.

Der Verdächtige gesteht die Tat unmittelbar nach seiner Festnahme, widerruft sein Geständnis aber später wieder. Dabei verwickelt er sich zunehmend in Widersprüche.

Trotz der Unklarheiten wird der Prozess gegen den Beschuldigten im Januar 2001 eröffnet. Im Laufe der Verhandlung gibt der Angeklagte zu, die Waffen aus der Anwaltskanzlei gestohlen zu haben und Zeuge des Doppelmordes gewesen zu sein. Als die wahren Täter bezeichnet er zwei Männer aus dem Drogenmilieu einer nahe gelegenen Großstadt.

Die Beweislage bleibt bis zuletzt lückenhaft und der genaue Tathergang lässt sich nicht rekonstruieren. Auch die Frage, wer den Abzug der Waffe tatsächlich betätigt hat, kann nicht zweifelsfrei beantwortet werden. Hinzu kommen Gerüchte, bei diesem Doppelmord hätte es sich unter Umständen um eine späte Rache der früheren Stasi gehandelt.

Der in der ehemaligen DDR von der Stasi als „feindlich eingestellter Pfarrer" bezeichnete Richard A. war nämlich nach dem Fall der Mauer an der Durchsicht der Stasi-Unterlagen beteiligt gewesen.

Dennoch betrachtet das Gericht das ursprüngliche Geständnis des Angeklagten im Beisein mehrerer Personen als glaubwürdig. In dessen Verlauf hatte der Beschuldigte unverkennbar Reue gezeigt und sogar geweint.

Letztendlich kommt der Richter zu dem Schluss, dass die Schuld des Angeklagten ausreichend erwiesen wäre. Er hätte im Bruchteil einer Sekunde eine impulsive Entscheidung getroffen, die zwei Menschen das Leben kostete. Gleichzeitig zerstörte der Täter damit sein eigenes Leben.

Als der Angeklagte im Juni 2001 für schuldig befunden und zu einer lebenslangen Haftstrafe verurteilt wird, zeigt sich sein Verteidiger schockiert. Vor allem wegen der bisher unbekannten, mutmaßlichen Mittäter kündigt er an, gegen das Urteil in jedem Fall Berufung einzulegen. Der Angeklagte selbst wirkt während des gesamten Prozesses nahezu unbeteiligt.

Dieser aus einem reinen Impuls heraus verübte Mord, das Urteil des Gerichts und die verbleibenden Zweifel an der Schuld des Verurteilten bewegen die Gemüter bis zum heutigen Tag – und das erst recht, seitdem der Verurteilte im Frühjahr 2015 nach 15 Jahren auf Bewährung aus der Haft entlassen wurde. Bis zum Ende der festgelegten Bewährungszeit im Januar 2020 steht er seitdem an seinem Wohnort unter Führungsaufsicht.

Ist er wirklich der Täter? Hat er die Tat allein verübt oder seine Mittäter geschützt?

Was empfinden die Angehörigen der Mordopfer bei dem Gedanken, dass er sich mittlerweile wieder auf freiem Fuß befindet?

Auch dieses Verbrechen hat das Leben der Hinterbliebenen von Grund auf verändert, was der Lebensweg des Sohnes des getöteten Ehepaares verdeutlicht.

Vor der Ermordung seiner Eltern hatte der junge Mann nie die Absicht gehabt, in die Fußstapfen seines Vaters zu treten. Da seine Eltern ihn und seine Schwester zwar christlich, aber in geistiger Freiheit erzogen hatten, war er fest dazu entschlossen gewesen, seinen eigenen Weg zu gehen.

Erst der plötzliche Tod seiner Eltern bewegte ihn dazu, schließlich doch Pfarrer zu werden. Dies begründet er damit, dass sein Glaube in der schwersten Zeit nach dem tragischen Verlust alles gewesen wäre, woran er sich noch festhalten konnte.

Für den Verurteilten empfindet er keinen Hass. Stattdessen ist er davon überzeugt, dass der beziehungsweise die wahren Täter mit dem leben müssen, was sie seinen Eltern angetan haben.

Viele der noch offenen Fragen zu diesem Verbrechen werden sich wohl nie zufriedenstellend beantworten lassen.

An diesen bis heute rätselhaften Kriminalfall erinnert ein Findling in einem Waldgebiet im Osten unseres Landes. In dem Stein wurden die Namen der beiden Mordopfer eingemeißelt, die weit über die Grenzen ihrer Heimat hinaus unvergessen bleiben.

Kapitel 4:

Eine Stimme aus der Vergangenheit

Zusammen mit ihren vier Geschwistern wächst die auffallend hübsche, dunkelhaarige Renate R. in einer der ländlichen Regionen im westlichen Teil Deutschlands auf. Ihre Eltern, in jungen Jahren aus Schlesien vertriebene Deutsche, leben zwar nicht im Wohlstand, sind aber mit dem zufrieden, was sie haben. Liebevoll erziehen sie ihre Kinder dazu, auch in einfachen Verhältnissen glücklich zu sein.

Einen Wohnsitz auf dem Land verbindet man gern mit der romantischen Vorstellung, im Einklang mit der Natur innere Ruhe und Frieden zu finden. Aber auch das Landleben hat seine Schattenseiten.

Ihr ganzes Leben lang haben die Eltern von Renate R. hart gearbeitet und auf vieles verzichtet. Für sie dreht sich alles einzig und allein um ihre Kinder. Ihr sehnlichster Wunsch besteht darin, ihnen den Weg in eine bessere Zukunft zu ebnen.

Trotz all ihrer Bemühungen findet die wissbegierige Renate R. nach ihrem Schulabschluss in der näheren Umgebung ihres Wohnortes keinen Ausbildungsplatz und keine Arbeitsstelle. Dies macht sie sehr traurig, weil sie ihre Familie unterstützen und in ihrem Leben unbedingt etwas erreichen möchte.

Im Sommer 1981 lernt sie kurz vor ihrem siebzehnten Geburtstag Hubert M., den drei Jahre älteren Sohn eines wohlhabenden Bauern aus einem benachbarten Dorf, kennen. Für Renate R. ist es Liebe auf den ersten Blick. Auf Wolke sieben schwebend, träumt die bescheidene junge Frau von einer gemeinsamen Zukunft mit dem Mann, den sie für die Liebe ihres Lebens hält.

Da der junge Mann in völlig anderen sozialen Verhältnissen aufgewachsen ist, machen sich ihre Eltern schon bald große Sorgen. Trotzdem bringen sie es nicht übers Herz, die Gefühle ihrer Tochter zu verletzen und ihre Träume zu zerstören.

Die Eltern von Hubert M. haben ganz andere Gründe dafür, die aufkeimende Beziehung ihres Sohnes mit Renate R. mit Argwohn zu betrachten. Ihrer Meinung nach hat ihr Sohn eine wesentlich bessere Partie verdient und sie befürchten, die junge Frau könnte es nur auf sein Geld abgesehen haben.

Wieder und wieder nehmen sie ihren Sohn ins Gebet, um ihn davor zu warnen, einen schwerwiegenden Fehler zu begehen und sein Leben zu ruinieren.

31

Aufgrund ihrer ständigen Vorwürfe und ihrer fortlaufenden Kritik an seiner Romanze mit Renate R. gibt Hubert M. seiner Freundin nach einem Jahr den Laufpass.

Wenig später kommt es ihm zu Ohren, dass Renate R. von ihm schwanger ist und dass sie in ihrer Verzweiflung nach ihrer Trennung einen Selbstmordversuch unternommen hat. Weil ihn daraufhin Gewissensbisse quälen, nimmt er nun doch wieder Kontakt zu ihr auf. Die beiden sprechen sich aus und Hubert M. schlägt vor, sie sollten in Zukunft befreundet bleiben.

Einige Wochen danach findet Renate R. eine Arbeit als Näherin in einem der Nachbarorte. Dort bezieht sie eine kleine Wohnung, um von jetzt an auf ihren eigenen Füßen zu stehen.

An einem kalten, verregneten Abend im November hören die Nachbarn aus dieser Wohnung einen heftigen Streit. In dessen Verlauf versucht Renate R., Hubert M. wegen ihrer Schwangerschaft zu einer Heirat zu zwingen. Dagegen wehrt er sich jedoch entschieden.

Stattdessen fordert er sie dazu auf, am folgenden Tag auf den Hof seines Vaters zu kommen. Dieser möchte der jungen Frau einen Vorschlag unterbreiten, die gesamte Angelegenheit mit einer finanziellen Abfindung zu regeln. Davon erhofft er sich eine endgültige Lösung, um den unerwünschten Eindringling in seine Familie für immer loszuwerden.

In der Mittagszeit des nächsten Tages wird Renate R. zum letzten Mal gesehen, als sie eine Arbeitskollegin in ihrem Auto mitnimmt. Darum hat sie Renate R. gebeten, damit sie pünktlich zu der Verabredung mit Hubert M. und dessen Vater auf dem Hof der Familie erscheinen kann. In der Nähe des Hofes steigt Renate R. aus dem Auto aus und verabschiedet sich von ihrer Kollegin. Dabei erklärt sie ihr, sie möchte das restliche Stück des Weges lieber zu Fuß zurücklegen.

In diesem Moment verschwindet Renate R., ohne noch eine einzige weitere Spur zu hinterlassen. Wenige Tage danach gibt ihre Familie, die seitdem nichts mehr von ihr gehört hat, bei der Polizei eine Vermisstenanzeige auf.

Im Laufe der Ermittlungen stellt die Polizei in Bezug auf die Ursache für das Verschwinden von Renate R. mehrere verschiedene Theorien auf. Da man in ihrer Wohnung den Entwurf für einen Abschiedsbrief gefunden hat, ziehen die Ermittler unter anderem einen zweiten Selbstmordversuch in Betracht. Dass man die Leiche der jungen Frau nirgendwo findet, spricht allerdings dagegen.

Zusätzlich kommen Gerüchte auf, Renate R. hätte die Absicht angedeutet, unterzutauchen und an einem anderen Ort ein neues Leben zu beginnen.

Trotz dieser Vermutungen gerät Hubert M., der Vater ihres ungeborenen Kindes, mit jedem weiteren Tag ohne eine Spur von der Vermissten zunehmend unter Verdacht. Während der

Vernehmungen beteuert er aber, Renate R. hätte den Hof im Anschluss an das Gespräch mit seinem Vater völlig unversehrt zu Fuß verlassen.

Da es hierfür keine Beweise gibt und Renate R. nach wie vor verschwunden bleibt, verlaufen die Ermittlungen letztendlich im Sande.

Rund zehn Kilometer von dem Ort entfernt, an dem Renate R. zum letzten Mal gesehen wurde, entdecken jugendliche Spaziergänger im Februar des darauffolgenden Jahres auf einem Friedhof einen Schlüsselbund. Diesen identifiziert ihre Familie als das Eigentum ihrer vermissten Tochter.

Obwohl dies der letzte Hinweis bleibt, wird die Akte nie geschlossen. Bei Kriminaldelikten wie diesem handelt es sich hierbei um die übliche Vorgehensweise.

Erst 29 Jahre später, im Sommer 2011, erinnert man die Zuschauer einer bekannten Fernsehsendung an das Verschwinden von Renate R. Nach so langer Zeit ohne neue Erkenntnisse gehen die Ermittler davon aus, dass die junge Frau getötet und ihre Leiche beseitigt wurde. Die mittlerweile stark gealterte Mutter von Renate R. wird aber auch weiterhin Tag für Tag von der Ungewissheit über das Schicksal ihrer Tochter gequält.

Der Moderator der Sendung schildert die damaligen Ereignisse und appelliert vor allem an das Gewissen etwaiger Mitwisser. Deren Mitschuld wäre nämlich inzwischen verjährt.

Noch vor dem Ende der Fernsehsendung meldet sich eine weibliche Zeugin mit dem entscheidenden Hinweis auf eine vor nahezu drei Jahrzehnten an der Tat beteiligte männliche Person, einen engen Freund von Hubert M.

Bei seiner Vernehmung bricht der Komplize schließlich zusammen und gesteht, seinem Freund Hubert M. damals dabei geholfen zu haben, die Leiche von Renate R. zu beseitigen.

Infolge dieser Aussage wird der mittlerweile 50-jährige Hubert M. im September 2011 in Untersuchungshaft genommen.

Auf der Grundlage der Angaben des Mittäters sucht die Polizei zwei Wochen lang intensiv nach der Leiche von Renate R. Im Oktober 2011 stößt sie auf einer seit mehreren Jahren stillgelegten Mülldeponie auf ein menschliches Skelett, das zusammen mit den Überresten von Frauenbekleidung in Kunststoff-Folie verpackt ist.

Schon wenige Tage später sorgen die Ergebnisse der DNA-Untersuchungen der Rechtsmedizin für endgültige Gewissheit. Bei dem Skelett handelt es sich um die sterblichen Überreste von Renate R.

Diese werden Anfang November 2011 gemeinsam mit ihrem ungeborenen Kind neben dem Grab ihres Vaters zur letzten Ruhe gebettet.

Zwei Tage vor Silvester leitet die Staatsanwaltschaft gegen Hubert M. das Verfahren wegen Mordes ein. Die Verhandlung beginnt im

März 2012. Vom ersten bis zum letzten Tag des Prozesses hüllt sich der Angeklagte in Schweigen.

Zu den Hauptzeugen zählt die ehemalige Vermieterin des Opfers, die den erbitterten Streit zwischen Renate R. und ihrem späteren Mörder noch fast wortwörtlich wiedergeben kann.

Für die Staatsanwaltschaft führen die Ergebnisse der Ermittlungen und die Zeugenaussagen zweifelsfrei zu dem folgenden Tathergang: An dem Tag nach ihrem heftigen Streit erschien Renate R. zur vereinbarten Zeit auf dem Hof des Vaters von Hubert M. Mit einer finanziellen Abfindung wollte sie sich aber nicht abspeisen lassen. Stattdessen versuchte sie noch einmal, den Vater ihres ungeborenen Kindes umzustimmen und ihn zu einer Heirat zu überreden.

Daraufhin entschloss sich der Angeklagte dazu, seine Freundin zu erdrosseln und ihre Leiche anschließend auf einer nahe gelegenen Mülldeponie zu vergraben.

Auch das Gericht ist von der Richtigkeit dieser Annahmen und von der Schuld Hubert M.'s überzeugt. Im Juni 2012 wird der Angeklagte aber dennoch freigesprochen.

Als Begründung für diese Entscheidung gibt das Gericht an, dass an den sterblichen Überresten des Opfers nach fast dreißig Jahren keine eindeutigen Beweise für einen Mord mehr festzustellen waren. Demzufolge musste das Gericht aus juristischer Sicht von dem Tatbestand des Totschlages ausgehen, der nach zwanzig Jahren verjährt.

Der Oberstaatsanwalt bezeichnet dieses Urteil als ein nicht zufriedenstellendes Ergebnis. Aufgrund der gültigen Rechtslage wäre man aber dazu gezwungen, es hinzunehmen. Man werde allerdings noch überprüfen, ob es sich lohnen könnte, Berufung einzulegen.

Bei allen Beteiligten hinterlässt dieser Prozess ein außerordentlich ungutes Gefühl.

Aus der Vergangenheit erklang eine Stimme mit der Bitte um Gerechtigkeit. Ihr Flehen wurde aber nicht erhört.

Kapitel 5:

Krümelgate

Für alle Unternehmen ist es überlebenswichtig, ihre Produkte möglichst Erfolg versprechend zu vermarkten und an den Mann zu bringen. Unter anderem spielen hierbei fantasievolle Maskottchen und Firmen-Logos mit einem hohen Wiedererkennungswert eine entscheidende Rolle.

Dies bringt einen der bekanntesten und traditionsreichsten Gebäck-Hersteller unseres Landes auf die Idee, an der Fassade seines Firmensitzes einen goldenen Keks anbringen zu lassen.

Dabei handelt es sich um eine circa zwanzig Kilogramm schwere, aus Messing angefertigte und anschließend vergoldete Nachbildung des allgemein beliebten Leibnizkekses des Unternehmens. Mit dem Entwurf dieses Schmuckstücks für sein Firmengebäude hat Bahlsen einen renommierten Bildhauer beauftragt.

Im Jahr 2006 ist es endlich so weit. Von jetzt an strahlt der von den Passanten bestaunte, goldene Keks an der Fassade des Firmengebäudes mit der Sonne um die Wette.

An einem düsteren, nasskalten Morgen zu Beginn des Jahres 2013 ist das gute Stück aber auf einmal verschwunden.

Die ersten Angestellten, die an diesem Tag in ihre Büros eilen, stehen verwundert vor der plötzlich so ungewohnt kahlen und öden Vorderseite des Gebäudes. Wer kommt denn auf die Idee, einen dermaßen schweren Messing-Keks zu stehlen, den man nicht einmal essen kann? Was wollen die Diebe denn bloß damit anfangen?

Im Grunde besitzt der Keks doch nur für die Firma einen echten Wert. Kaufen wird ihn mit Sicherheit niemand. Schließlich würde er an einem anderen Gebäude sofort auffallen und für die Dekoration von Innenräumen eignet sich das überdimensional große Gebäck erst recht nicht.

Schon kurz nach dem Diebstahl bei Nacht und Nebel geht bei dem Unternehmen und zeitgleich bei der Redaktion einer der größten Zeitungen des norddeutschen Bundeslandes ein Erpresserbrief ein. Diesem liegt ein Foto bei, das einen Unbekannten in einem Krümelmonsterkostüm vor dem goldenen Keks zeigt.

In ihrem Schreiben fordern die Erpresser den Gebäck-Hersteller dazu auf, einem Kinderkrankenhaus eine bestimmte Menge Schokoladenkekse zu spenden und 1.000 Euro an ein Tierheim zu überweisen.

Für den Fall, dass ihre Forderungen nicht erfüllt werden sollten, drohen die Erpresser damit, den goldenen Keks auf einem Müllplatz zu entsorgen und seinem Leben damit ein schreckliches Ende zu bereiten.

Daraufhin beruft die Unternehmensleitung kurz entschlossen eine Pressekonferenz ein, bei der sie bekannt gibt, sie werde keinesfalls auf die Forderungen der Erpresser eingehen. Stattdessen erklärt sie sich dazu bereit, nach der freiwilligen Rückgabe des gestohlenen Kekses mehr als 50.000 Packungen ihres beliebten Gebäcks an 52 soziale Einrichtungen zu spenden.

Mit ihrem zweiten Schreiben akzeptieren die Erpresser diesen Vorschlag der Geschäftsführung.

Bereits am darauffolgenden Tag taucht der goldene Keks wie aus heiterem Himmel wieder auf. Mit einer roten Schleife befestigt, hängt er an einem bekannten Denkmal vor dem Universitätsgebäude der Stadt.

Obwohl es sich eindeutig nachweisen lässt, dass es sich bei diesem Fund tatsächlich um das Original handelt, laufen die Ermittlungen gegen die unbekannten Diebe und Erpresser auch weiterhin auf Hochtouren.

Umgehend untersucht das Landeskriminalamt den zurückgekehrten Keks auf Fingerabdrücke und auf DNA- und Faserspuren.

Aber auch die Erpresser bleiben nicht untätig. Zwei Tage später geht ein dritter Brief der Keks-Entführer ein, in dem sie die Einhaltung des von der Unternehmensleitung gegebenen

Versprechens verlangen. Die Geschäftsführung bestätigt ihre Zusage und bittet die gemeinnützigen Einrichtungen im Umkreis ihres Firmensitzes um ihre Bewerbung für eine der vorher angekündigten Keks-Spenden.

Kurz darauf erweckt eine Fernsehsendung das Interesse für die Entführung des goldenen Kekses mit einer kleinen Sensation noch einmal zu neuem Leben. In einem anonym geführten Interview bekennen sich vier Unbekannte, drei Männer und eine Frau, zu dem spektakulären Verbrechen. Ihre Identität bleibt aber auch weiterhin geheim.

Am Tag nach der Ausstrahlung dieser Sendung veröffentlicht das Unternehmen die Namen der durch das Los ausgewählten Empfänger der Keks-Spenden. Direkt im Anschluss daran werden auch schon die ersten Lieferungen auf den Weg gebracht.

Mittlerweile hat die Staatsanwaltschaft die Ermittlungen wegen Erpressung und Diebstahl in den Fall einer Sachbeschädigung umgewandelt. Schließlich ist der Keks ja wieder da.

Da sich die Identität der Täter trotz aller Anstrengungen nicht feststellen lässt, wird das Verfahren im Mai 2013 endgültig eingestellt.

Ob sich die unauffindbaren Keks-Diebe im Sinne des geltenden Rechts tatsächlich strafbar gemacht haben, bleibt in juristischen Kreisen umstritten.

Auf nationaler und auf internationaler Ebene erregt dieses rätselhafte Verbrechen dennoch eine Menge Aufmerksamkeit. Davon profitiert natürlich nicht zuletzt auch der Gebäck-Hersteller.

Für die Schaltung von Anzeigen, die eine vergleichbare Resonanz hervorrufen könnten, hätte der Gebäck-Hersteller rund 1,7 Millionen Euro investieren müssen. Im Vergleich mit dieser Summe kostete es das Unternehmen nicht einmal 40.000 Euro, die Spenden-Pakete auszuliefern.

Diese Überlegungen führen hier und da zu Spekulationen, bei dem Diebstahl könnte es sich unter Umständen um eine besonders einfallsreiche Marketing-Strategie gehandelt haben. Aber auch hierfür lassen sich keine Beweise finden und die Unternehmensleitung bestreitet eine mutmaßliche Beteiligung an dem Verbrechen mit großem Nachdruck.

Für Werbezwecke hätte man es laut der Geschäftsführung mit absoluter Sicherheit nicht riskiert, sich strafbar zu machen. Diese Aussage wird von der Tatsache bekräftigt, dass der Gebäck-Hersteller noch am Tag des mysteriösen Verschwindens seines einzigartigen Schmuckstücks bei der Polizei Anzeige wegen Diebstahl und Erpressung erstattet hatte.

Zusätzlich weist das Unternehmen darauf hin, dass es unter gar keinen Umständen das Risiko in Kauf genommen hätte, mögliche Nachahmer zu inspirieren und zu ermutigen.

Im Zusammenhang mit den Überlegungen zur Werbewirksamkeit der Keks-Aktion wird darüber berichtet, dass eine namhafte Werbeagentur noch vor dem Tag der Rückgabe des ausgefallenen Diebesgutes in mehreren Zeitungen großflächige Anzeigen veröffentlicht hat. In diesen bot sie den Keks-Dieben Arbeitsplätze als PR-Berater an.

Einer der führenden Kriminologen unseres Landes betrachtet diese verzwickte Angelegenheit aus einem anderen Blickwinkel heraus. Er geht davon aus, hinter diesem außergewöhnlichen Verbrechen würde eine Wette oder eine ganz spezielle Mutprobe stehen.

Dieser beispiellose Kriminalfall bewegt die Gemüter, aber die überwältigende Mehrheit der Bevölkerung betrachtet das Ganze mit Humor. Selbst die populäre Fernsehsendung Sesamstraße verbreitet eine amüsante Stellungnahme zu den Ereignissen. In dieser schwören das weltweit beliebten Krümelmonster mit: „me no steal the golden cookie", es hätten nichts mit dem Diebstahl des goldenen Kekses zu tun.

Als der Frühling 2013 langsam zu Ende geht, haben sich die Wogen allmählich wieder geglättet und das abenteuerlustige Gebäckstück bereitet sich auf einen erneuten großen Auftritt vor. Jetzt glänzt der heimgekehrte und mittlerweile neu aufpolierte, goldene Keks vier Wochen lang als Exponat einer Ausstellung im Landesmuseum.

Der Erfinder des wesentlich kleineren, dafür aber essbaren Zwillings des ehemaligen Entführungsopfers gibt zur Eröffnung der

Ausstellung ebenso amüsante Kommentare ab wie der Künstler, der den Keks erschaffen hat.

Vor dem inzwischen deutschlandweit berühmten Keks, der so viel mehr erlebt hat als jedes andere Gebäckstück, drängen sich die neugierigen Museumsbesucher in unüberschaubaren Scharen. Ein neuer Star ist geboren.

Erst im Juli 2013 darf sich der goldene Keks von seinen Strapazen erholen. Frisch restauriert und noch heller strahlend als jemals zuvor kommt er endlich an seinen ursprünglichen Platz zurück. Hier kann er befreit aufatmen. Seine Besitzer haben nämlich dafür gesorgt, dass ihm vergleichbare Abenteuer in Zukunft erspart bleiben. Von nun an wird er an der Fassade des Firmengebäudes technisch überwacht.

Im Laufe der folgenden Monate sorgen verschiedene Fernsehserien dafür, dass sein plötzlicher Ruhm nicht zu schnell wieder verblasst. Nur allzu gern lassen sich mehrere Drehbuchautoren von der Geschichte des weit gereisten Kekses inspirieren.

Bis zum heutigen Tag bleibt die Identität der Keks-Diebe ein Geheimnis. An ihre kühne Tat wird man sich aber noch lange erinnern. Dabei spielen ihre Namen letztendlich nicht die geringste Rolle.

Seit einigen Jahren hängt der goldene Keks wieder dort, wo er hingehört. Vielleicht schmunzelt er ja manchmal bei dem Gedanken, wie viel Freude seine essbaren Verwandten den Empfängern der Keks-Spenden bereitet haben.

Kapitel 6:

Hilfsbereitschaft mit schwerwiegenden Folgen

Im mittleren Teil unseres Landes leben Karl und Maria S. in einer geräumigen, behaglich eingerichteten Villa am Hang eines Berges. Das wohlhabende Fabrikanten-Ehepaar blickt auf ein arbeitsreiches Leben mit unzähligen Höhen und Tiefen zurück, in dem es von Schicksalsschlägen nicht verschont blieb.

Dass sich die beiden ihren Traum erfüllen konnten, weit außerhalb der nächstgelegenen Ortschaft Ruhe und Frieden in der Natur zu finden, haben sie sich redlich verdient.

Mittlerweile scheint das Jahr 1937 schon beinahe einem anderen Zeitalter anzugehören. Damals meldete der Vater von Karl S. das Patent für ein handbetriebenes Küchengerät zum Rühren und Schlagen an, das er bereits im Jahr zuvor auf der Leipziger Mustermesse präsentiert hatte. Im Anschluss daran stellte er seine Erfindung mit der tatkräftigen Unterstützung seiner Familie zu Hause her. Da die Nachfrage stetig zunahm, sah er sich schon bald dazu gezwungen, Fabrikräume anzumieten. Damit erblickte ein junges, ambitioniertes Unternehmen das Licht der Welt.

Der erste herbe Rückschlag folgte schon bald mit dem Ausbruch des Zweiten Weltkrieges. Weil das erforderliche Material nicht mehr zu beschaffen war, musste die Produktion eingestellt werden.

Im Oktober 1943 wurde das Wohnhaus der Familie bei einem Bombenangriff zerstört und die Eltern fanden mit ihren Kindern Karl und Petra vorübergehend Unterschlupf in einem Kloster.

Nach dem Ende des Krieges baute der Vater von Karl S. sein Unternehmen sofort wieder auf, um sein beliebtes Küchengerät und seine Universalwerkzeugmaschinen schnellstmöglich wieder herstellen zu können. Bis zu ihrer fortschreitenden Ablösung durch elektrisch betriebene Geräte in den 1970er-Jahren war seine Küchenmaschine in nahezu jedem deutschen Haushalt unentbehrlich. Insgesamt wurden bis zum Jahr 1997 circa acht Millionen der beliebten Geräte produziert.

Während der Blütezeit des Unternehmens stieg Karl S. in jungen Jahren in die Firma ein, um seinen Vater zu entlasten und um den Betrieb nach der Pensionierung des Firmengründers zu übernehmen.

Um sich einen Herzenswunsch zu erfüllen und um ihren Wohlstand zu teilen, adoptierten die beruflich erfolgreichen Eheleute Karl und Maria S. zwei Mädchen, Kathrin und Sabine S.

So viel zur Geschichte der Familie. Kehren wir nun in das Jahr 1997 und in die Villa zurück!

An einem angenehm milden Abend im Juni 1997 hat es sich das Ehepaar S. in seinem Zuhause im Wald gemütlich gemacht. Nach einem frühen Abendessen sitzen die beiden zusammen im Wohnzimmer, wo Maria S. ein spannendes Buch liest und Karl S. mit der Post des Tages beschäftigt ist. Ihre beiden Adoptivtöchter sind ständig unterwegs und auch an diesem Abend nicht bei ihnen. Dass ihre Villa weit abseits von anderen Häusern steht, beunruhigt die Eheleute nicht. Sie verlassen sich darauf, dass ihr Zuhause mit einer Alarmanlage und mit mehreren Überwachungskameras bestens gesichert ist.

Als die Dämmerung allmählich hereinbricht, klingelt es plötzlich. Da sie keinen Besuch erwarten, schauen sie sich fragend an. Anschließend geht Karl S. zur Tür. Vor ihm steht ein junges Paar, dem er vorher noch nie begegnet ist. Bei dem Pärchen handelt es sich um den zu der Zeit 24-jährigen Felix L. und um seine 19-jährige Freundin Helga A.

Die beiden entschuldigen sich höflich für die Störung und bitten Karl S. darum, in seinem Haus telefonieren zu dürfen, weil sie eine Panne haben. Bereitwillig lässt Karl S. sie eintreten. Anderen Menschen in schwierigen Situationen zu helfen, stellt für ihn eine Selbstverständlichkeit dar.

Direkt im Anschluss an das vorgetäuschte Telefonat geht Felix L. wie aus heiterem Himmel auf den Hausherren los, um ihm mit einem Messer aus seiner Hosentasche die Kehle durchzuschneiden. Karl S. fällt zu Boden und stirbt innerhalb von wenigen Sekunden.

Die späteren Ermittlungsergebnisse führen zu der Vermutung, dass Maria S. trotz ihres Schocks noch einen Versuch unternommen hat, dem Mörder zu entkommen. Kurz vor der Haustür wird sie aber von Felix L. eingeholt, der sie augenblicklich auf dieselbe Art und Weise tötet wie kurz zuvor ihren Mann.

Bevor die beiden Täter in das Dunkel der Nacht hinaus fliehen, verwüsten sie das gesamte Haus der Familie S., wobei sie sämtliche Schränke und Schubladen durchwühlen. Dies tun sie aber einzig und allein, um einen Raubmord vorzutäuschen.

Im Laufe der folgenden Tage fällt es den Freunden und Bekannten von Karl und Maria S. auf, dass die beiden nicht mehr ans Telefon gehen. Auch in dem nahe gelegenen Ort, in dem sie sonst regelmäßig einkaufen, beginnt man, das sympathische Ehepaar zu vermissen.

Die Bekannten, die sie daraufhin kurzerhand aufsuchen, um sich nach ihrem Befinden zu erkundigen, entdecken schließlich die beiden Mordopfer.

Die Polizeibeamten, die sich als Erste am Tatort einfinden, erwartet ein grauenvoller Anblick. Das gesamte Szenario lässt sie sofort an eine gezielte Hinrichtung denken.

Im Rahmen der Ermittlungen werden natürlich auch die beiden Adoptivtöchter des Ehepaares vernommen. Kathrin und Sabine S. zeigen sich vollkommen bestürzt und äußern bereits zu Beginn den Verdacht, für ein Verbrechen wie dieses könnte nur die russische Mafia verantwortlich sein und der Doppelmord hätte einen geschäftlichen Hintergrund.

Zum Zeitpunkt der Tat verbrachte Kathrin S. zusammen mit ihrem Verlobten Robert D. ein Wochenende im Allgäu, während sich Sabine S. bei einer Freundin aufhielt. Da diese Freundin und der Besitzer des Hotels, in dem Kathrin S. mit ihrem Verlobten übernachtet hatte, die Alibis bestätigen, scheinen die beiden Adoptivtöchter zunächst nicht verdächtig zu sein.

Bald darauf melden sich allerdings mehrere Zeugen, die den Fall in einem völlig neuen Licht erscheinen lassen. Gemäß der Aussagen dieser Zeugen hat Sabine S. vor dem Mord in der Schule verkündet, ihren Eltern würde in naher Zukunft etwas zustoßen. Ungefähr zur gleichen Zeit hat Robert D., der als Koch bei der Bundeswehr tätig ist, seinen Kameraden gegenüber geäußert, seine Schwiegereltern sollten umgebracht werden.

Als die Ermittler erfahren, dass die beiden Adoptivtöchter vor einiger Zeit bereits einen erfolglosen Versuch unternommen hatten, ihre Eltern mit Rattengift in einem Kuchen umzubringen, gelangen die Untersuchungen an den entscheidenden Wendepunkt. Diesen

Mordanschlag haben die Eltern nur überlebt, weil sie den Kuchen wegen seines eigenartigen Geschmacks nicht essen wollten.

Von jetzt an richtet sich der Verdacht in erster Linie auf die beiden jungen Frauen, auf die zunehmend Druck ausgeübt wird. Letztendlich bricht Sabine S. zusammen und legt während eines eindringlichen Verhörs ein Geständnis ab. Demzufolge hatte ihr ihre Schwester Kathrin den Auftrag erteilt, den Schlüssel für das Haus ihrer Eltern in einer bestimmten Zeitungs-Box zu hinterlegen, was sie auch tat. Dies sollte ihre Absicherung für den Fall darstellen, dass ihre Eltern die Tür nicht freiwillig öffnen würden.

Von dem Moment an, in dem die Ermittler Kathrin S. mit dem Geständnis ihrer Schwester konfrontieren, verfällt sie in beharrliches Schweigen.

Robert D., ihr Verlobter, gibt dem Druck aber nach und gesteht, dass sie in einer Nachbarstadt ein junges Paar, Felix L. und Helga A., kennengelernt haben, das sie mit dem Mord beauftragten. Nach der erfolgreich ausgeführten Tat wollten die fünf an dem Verbrechen beteiligten Personen das Erbe der beiden Adoptivtöchter untereinander aufteilen.

Auf der Grundlage dieser Aussage wird gegen die fünf Verschwörer umgehend ein Haftbefehl erlassen.

Am Ende des vor dem Landgericht geführten Prozesses verurteilt der Richter Felix L. und Robert D. zu lebenslangen Haftstrafen wegen Mordes aus Habgier. Da im Fall von Felix L. eine besondere

Schwere der Schuld nachgewiesen wurde, ist für ihn eine vorzeitige Entlassung auf Bewährung ausgeschlossen und er wird auch nach 15 Jahren keine Chance haben, aus dem Gefängnis herauszukommen.

Obwohl die Vernehmungen zu der zusätzlichen Erkenntnis geführt haben, dass Robert D. bereits das Rattengift für den ersten Mordversuch an Karl und Maria S. besorgt hatte, wird er ohne eine besondere Schwere der Schuld verurteilt.

Für Kathrin S. lautet der Richterspruch: „Zehn Jahre Jugendhaft", was für Jugendliche die Höchststrafe darstellt. Sabine S. wird unter der Berücksichtigung ihres Geständnisses für sieben Jahre und zehn Monate und Helga A. für sieben Jahre in Jugendhaft genommen.

Bei der Begründung seiner Entscheidungen gibt der Vorsitzende Richter an, die fünf Komplizen hätten das Verbrechen ausschließlich wegen des millionenschweren Erbes begangen und bei der Vorbereitung und der Ausführung der Tat nichts anderes als die Dollarzeichen vor ihren Augen gesehen.

Unter anderem hatten die Vernehmungen auch den Plan der fünf an dem Doppelmord Beteiligten ans Tageslicht gebracht, von dem Erbe gemeinsam ein Restaurant auf Mallorca zu kaufen und zukünftig ein unbeschwertes, sorgenfreies Leben in finanzieller Unabhängigkeit zu genießen.

Zusätzlich drückt der Vorsitzende Richter sein Bedauern darüber aus, dass Kathrin S. ihr Schweigen bis zum Ende des Prozesses nicht gebrochen und als einzige der fünf Komplizen kein Geständnis abgelegt hat.

Ihr Verteidiger bezeichnet das Urteil hingegen als enttäuschend und behält sich das Recht vor, im Anschluss an den Prozess Berufung einzulegen. In die Tat setzt er sein angekündigtes Vorhaben nach dem Erhalt der schriftlichen Urteilsbegründung allerdings nicht um. Am Tag ihrer Verurteilung werden Kathrin und Sabine S. zeitgleich für erbunwürdig erklärt. Demzufolge erben die Verwandten der beiden Mordopfer das Vermögen und das Unternehmen von Karl und Maria S.

Mehrere Jahre lang gibt der Großneffe des Firmengründers sein Bestes, um das Unternehmen im Anschluss an die Familientragödie zu führen und am Leben zu erhalten. Dieser Versuch scheitert im Jahr 2004 und das Familienunternehmen sieht sich dazu gezwungen, Insolvenz anzumelden. Als die Überreste der Traditionsfirma versteigert werden, kommen auch die letzten der legendären Küchengeräte unter den Hammer.

Kapitel 7:

Ein verhängnisvoller Zufall

Seitdem der 26-jährige Sebastian K. auf einem Militärflugplatz in Süddeutschland an einem mehrmonatigen Lehrgang des Deutschen Wetterdienstes teilnimmt, kommt er nur noch selten nach Hause. Die Entfernung zwischen dem Fliegerhorst und seinem Heimatort beträgt mehr als 300 Kilometer. Aus diesem Grund überlegt er es sich lieber zweimal, ob sich die lange Heimfahrt am Wochenende auch wirklich lohnt.

Da er diesen Lehrgang für seinen schon lange ersehnten beruflichen Aufstieg und für die Verbesserung der finanziellen Lage seiner Familie absolviert, geht er davon aus, dass seine Frau Christel Verständnis dafür aufbringt. Nur allzu gern möchte er es ihr ersparen, auf Dauer abends in einer Bar kellnern zu müssen.

An einem eiskalten, wolkenverhangenen Tag im Februar 1967 erhält er an seinem Ausbildungsort völlig überraschend ein Paket von einem ihm gänzlich fremden Absender. Im ersten Moment ist Sebastian K. leicht verunsichert. Handelt es sich vielleicht um eine Verwechslung? Hat die Post die Sendung an den Falschen ausgeliefert?

Anscheinend nicht. Auf dem braunen Packpapier, in das der Karton eingeschlagen ist, steht klar und deutlich sein Name. Die komplette Anschrift stimmt auch.

Am Ende seiner Überlegungen siegt die Neugier und Sebastian K. entschließt sich dazu, das geheimnisvolle Paket zu öffnen.

Gut scheint ihn der unbekannte Absender offenbar nicht zu kennen. Sonst hätte er der Schokolade, die wahrscheinlich jeder gern isst, nicht ausgerechnet eine Flasche Enzian-Schnaps beigefügt. Diesen bitteren Wurzelbrand mochte Sebastian K. nämlich noch nie.

Nachdem er die ungeliebte Flasche auf den Tisch gestellt hat, entdeckt er in dem Karton noch einen handgeschriebenen Zettel. Auf diesem übersendet man ihm Grüße aus der Pfalz, die mit der Aufforderung verbunden sind, das Getränk allein in aller Ruhe zu genießen.

Letztendlich weist für Sebastian K. alles darauf hin, dass sich ein Bekannter mit ihm einen Scherz erlaubt hat. Ohne noch länger darüber nachzugrübeln, verstaut er das seltsame Paket in seinem Schrank. Kurz darauf hat er es schon wieder vergessen.

Am darauffolgenden Samstag besucht er seine Frau Christel und ihre beiden Kinder. Die gemeinsamen Stunden verlaufen so harmonisch wie immer und er bleibt seinem Vorsatz treu, das merkwürdige Paket besser gar nicht erst zu erwähnen. Dass er einigen seiner Kollegen davon erzählt hat, bereut er noch immer. Ihre hämischen Bemerkungen haben ihm voll und ganz gereicht.

Wer weiß, auf welche Ideen diese Geschichte seine Frau bringen würde?

Nach dem schon beinahe traditionellen Frühschoppen mit seinem Freund Klaus D. am Sonntagmorgen kehrt Sebastian K. an seinen Ausbildungsort zurück. Dort liegt sein 23-jähriger Stubenkamerad Rudi B. mit einer schweren Erkältung im Bett.

Als es seinem bedauernswerten Freund auch am folgenden Dienstagabend noch nicht besser geht, erinnert sich Sebastian K. an die unerwünschte Flasche in seinem Schrank. Auf deren Etikett stand ein humorvoller Spruch, der ihm jetzt gerade wieder einfällt. Sinngemäß lautet die Botschaft, der Inhalt dieser Flasche würde für Gesundheit und Lebenskraft sorgen und den Arzt ersetzen.

Kurz entschlossen füllt er zwei Gläser mit dem Gebräu, das er so abscheulich findet. Wenn es seinem Freund helfen kann, würde das mysteriöse Geschenk vier Tage nach seinem Eintreffen doch wenigstens einem guten Zweck dienen.

Was tut man nicht alles für seine Freunde? Um dem Kranken Gesellschaft zu leisten, führt auch Sebastian K. das widerliche Getränk an seine Lippen. Bevor er aber etwas davon herunterschlucken kann, hat Rudi B. sein Glas bereits in einem Zug geleert.

„Igitt, das schmeckt ja wie Essig", stellt sein Stubenkamerad mit Abscheu fest. Daraufhin verlässt Sebastian K. endgültig der Mut und er verzichtet darauf, aus reiner Höflichkeit auch einen Schluck aus seinem Glas zu trinken. Sichtlich erleichtert setzt er das Glas wieder ab.

Gemeinsam gehen die beiden Freunde in den Waschraum, um sich den Mund auszuspülen.

Auf dem Rückweg geschieht plötzlich alles Schlag auf Schlag. Rudi B. kann ihm noch mitteilen, dass er eine starke Übelkeit verspürt. Wenige Sekunden später bricht er auch schon hilflos zusammen.

Der Notarztwagen, den Sebastian K. umgehend bestellt, trifft unerwartet schnell ein. Für Rudi B. kommt aber jede Hilfe zu spät. Noch am gleichen Abend stirbt er in einem nahe gelegenen Krankenhaus.

Später stellt die Gerichtsmedizin fest, dass es sich bei der Todesursache um eine Vergiftung mit Blausäure gehandelt hat.

Die Untersuchung der Flasche bestätigt die logische Schlussfolgerung, dass sich die giftige Substanz in dem Getränk befunden hat. Ebenso eindeutig scheint die Vermutung zu sein, dass das Gift eigentlich für Sebastian K. bestimmt war und dass demzufolge aus der Sicht des Mörders der Falsche gestorben ist.

Daraufhin geraten die Ermittlungen erst einmal ins Stocken. In der süddeutschen Großstadt, in der das Paket aufgegeben wurde, lässt sich zwar der Postbeamte finden, der es angenommen hat. Dieser kann sich aber beim besten Willen nicht an das Aussehen der Frau erinnern, die es zur Post gebracht hat.

Aus leicht verständlichen Gründen konzentrieren sich die Ermittlungen auf den Familien- und Bekanntenkreis von Sebastian K. Bei ihrer Vernehmung äußert seine Frau Christel den Verdacht, ihr immer noch eifersüchtiger Ex-Ehemann könnte hinter dem Mordanschlag stecken.

Gleichzeitig kommen der Polizei Gerüchte zu Ohren, Christel K. hätte schon seit längerer Zeit ein Verhältnis mit dem 27-jährigen Kfz-Mechaniker Andreas N. aus ihrer Nachbarschaft. Dem Gerede zufolge hätte er noch wesentlich mehr getan, als nahezu ununterbrochen ihr heiß geliebtes, ständig kaputtes Auto zu reparieren.

Den entscheidenden Hinweis liefert schließlich ein Zeuge, der sich bei der Polizei meldet, weil er Andreas N. vor einigen Wochen das Gift verschafft hat. Wenn er damals geahnt hätte, wofür das Gift bestimmt war, an das er an seinem Arbeitsplatz problemlos herankam, wäre er der Bitte seines Bekannten niemals nachgekommen. Zumindest behauptet er das. Zu ihm hätte Andreas N. gesagt, er wollte einen lästigen Marder loswerden.

Unter dem zunehmenden Druck geben Christel K. und ihr Liebhaber Andreas N. nun doch zu, das Paket verschickt zu haben. Während ihrer getrennten Vernehmungen erzählen die beiden Verdächtigen stark voneinander abweichende Geschichten. Einig sind sie sich nur in einem Punkt. Sie beteuern wieder und wieder, dass sie niemals die Absicht hatten, jemanden umzubringen. Gemäß ihrer

Behauptungen sollte Sebastian K. nur für eine Weile außer Gefecht gesetzt werden.

Mit der Festnahme der beiden Verdächtigen scheint dieser Fall aber dennoch gelöst zu sein. Entgegen der Aussagen der mutmaßlichen Täter kommen die Ermittler zu dem Schluss, dass das Paket in dem Bestreben verschickt wurde, Sebastian K. aus dem Weg zu räumen und freie Bahn zu haben.

Diesen Vorsatz bestreiten Christel K. und Andreas N. auch weiterhin entschieden. Ein umfassendes Geständnis legen sie nie ab. Stattdessen versuchen beide, sich als der Leidtragende darzustellen, der den Plan des anderen nicht in allen Einzelheiten kannte und der ihn nicht ernst genug genommen hat.

Von dem neun Monate später vor dem Landgericht eröffneten Prozess erhofft man sich endgültige Klarheit.

Dass diesem Mordanschlag letztendlich ein vollkommen Unbeteiligter zum Opfer fiel, schockiert die Öffentlichkeit beinahe noch mehr als die Tat selbst.

Im Laufe des Verfahrens gibt sich Christel K. alle Mühe, mit der Schilderung ihres familiären Hintergrunds Mitleid zu erregen. Ständig hätte ihr Vater andere Frauen und ihre Mutter andere Männer gehabt. Zu Beginn ihres Lebens wäre sie zehn Jahre lang krank gewesen. Während dieser Zeit durfte sie nie das Haus verlassen, um mit anderen Kindern zu spielen.

Demzufolge wäre ihre erste Heirat im Alter von 17 Jahren eher so etwas wie eine Flucht aus ihrem Elternhaus gewesen. Im Anschluss an ihre Scheidung heiratete sie mir nichts, dir nichts Sebastian K., ohne ihn zuvor erst einmal richtig kennenzulernen.

Aus ihrer ersten Ehe hat Christel K. ein Kind, aus ihrer Ehe mit Sebastian K. ein zweites. Im Gerichtssaal erweckt sie aber ganz und gar nicht den Eindruck, eine liebende Mutter zu sein. Stattdessen wirkt sie auf alle Beteiligten erschreckend kalt und berechnend und ihre Worte und Gesten scheinen viel eher einstudiert als echt zu sein.

Andreas N. ein unscheinbarer, kleiner Mann, der in der Stadt nicht nur diese eine Affäre hatte, stellt eindeutig klar, dass er Christel K. niemals heiraten wollte. Immerhin reicht es ihm schon, für seine von ihm geschiedene Frau aufkommen zu müssen. Er wäre doch nicht so dumm, sich auch noch die Kinder von Christel K. aufzuhalsen. Laut seiner Aussage sollte das Gift ausschließlich dazu dienen, Sebastian K. durch ein wenig Durchfall davon abzuhalten, am Wochenende nach Hause zu kommen.

Und was sagt der Mann dazu, für den das tödliche Getränk ursprünglich bestimmt war?

Er zeigt sich fassungslos und weigert sich standhaft gegen die Annahme, seine Frau hätte ihn umbringen wollen. Vielleicht ist es für ihm einfach zu schmerzlich, diesen Gedanken zuzulassen.

Warum die Angeklagten Sebastian K. eigentlich aus dem Weg räumen wollten, lässt sich auch durch den Prozess nicht klären. Schließlich war er nur selten zu Hause und stand ihrer Beziehung überhaupt nicht im Wege. Diese unbegreiflich sinnlose Tat ist und bleibt allen ein Rätsel.

Am Ende verurteilt das Gericht Christel K. und Andreas N. wegen des versuchten Mordes an Sebastian K. und wegen der fahrlässigen Tötung von Rudi B. zu jeweils 15 Jahren Haft.

Nachdem sie zwei Drittel ihrer Strafe verbüßt haben, werden sie wegen guter Führung vorzeitig aus dem Gefängnis entlassen. Von da an gehen sie getrennte Wege. Straffällig werden beide später nicht mehr.

Kapitel 8:

Fünf Monate zwischen Hoffen und Bangen

Die achtjährige Maja W. ist ein wissbegieriges und aufgewecktes Mädchen. Ihr Vater, ein viel beschäftigter, wohlhabender Prokurist bei einer Bank in einer Großstadt im Westen unseres Landes, und ihre Mutter, eine vielseitige und talentierte Künstlerin, haben die Interessen und die Begabungen ihrer Tochter von Anfang an gefördert.

Nichts auf dieser Welt bedeutet ihnen mehr als ihr Kind. Deshalb tun sie trotz ihres überdurchschnittlichen beruflichen Engagements alles dafür, dass es in einem liebevollen Umfeld aufwächst und dass es sich frei entfalten kann.

Dass Maja W. ein glückliches Mädchen ist, strahlt sie nach allen Seiten hin aus. Wenn sie lächelt, scheint die Sonne aufzugehen. Sie hat viele enge Freundinnen und ihre Mitschüler schätzen an ihr vor allem ihre Freundlichkeit und ihre Hilfsbereitschaft.

Natürlich möchte ein Kind wie Maja W. möglichst frühzeitig beweisen, dass man es nicht mehr ständig an die Hand nehmen muss. Besonders stolz ist sie darauf, dass sie seit einigen Wochen endlich allein zur Schule gehen darf. Auf dem kurzen Fußweg zu ihrer Schule wird ihr in dem ruhigen Vorort im Grünen schon nichts passieren.

An einem frostig kalten Morgen im Dezember 1981 verabschiedet sich Maja W. gut gelaunt von ihren Eltern. Weil sie an diesem Tag ausnahmsweise ein bisschen getrödelt hat, sind ihre Freundinnen schon vorher losgelaufen. Maja macht das nicht allzu viel aus und es stört sie auch nicht, dass bei der Eiseskälte frühmorgens kaum andere Passanten unterwegs sind.

Weihnachten steht vor der Tür und sie freut sich schon riesig auf das große Fest und auf die Ferien. Auf ihrem Weg neben der wenig befahrenen Straße denkt sie an all die tollen Dinge, die sie auf ihren Wunschzettel geschrieben hat. Wie viele ihrer sehnlichsten Wünsche werden wohl in sechs Tagen in Erfüllung gehen?

Auf einmal schreckt sie das laute Geräusch quietschender Bremsen aus ihren Träumen. Direkt neben ihr hält abrupt ein großer, dunkler Wagen an. Bevor Maja W. auch nur einen einzigen klaren Gedanken fassen kann, wird die hintere Tür des Autos aufgerissen und zwei starke Arme zerren das Mädchen in den Wagen. Noch im selben Moment braust der Fahrer mit Vollgas davon.

In der Schule vermissen sie ihre Freundinnen. Ist Maja heute etwa krank?

Noch vor dem Beginn des Unterrichts ruft eine von Majas besten Freundinnen bei ihrer Mutter an, die augenblicklich die Polizei einschaltet. Kurz darauf durchsucht eine Hundertschaft der Polizei das gesamte Stadtviertel, das Flussufer und die umliegenden Parks. Ihre Bemühungen führen aber zu keinem Erfolg. Maja W. scheint vom Erdboden verschluckt worden zu sein.

Auf den ersten Hinweis müssen ihre panischen Eltern nicht lange warten. In der Mittagszeit desselben Tages erhalten sie einen Anruf von einer unterdrückten Nummer. Als Majas Vater ans Telefon geht, wird eine Tonbandaufnahme abgespielt. Dadurch erfahren sie, dass ihre Tochter entführt wurde und dass sie auf gar keinen Fall die Polizei einschalten dürfen. Für die Erfüllung dieser Forderung ist es zu diesem Zeitpunkt aber bereits zu spät.

Am darauffolgenden Tag stellt der Postbote Majas Eltern einen Brief von den Entführern zu. Dieser beinhaltet die ersten Anweisungen für die Übergabe des Lösegelds. Auf einer bestimmten Funkfrequenz soll der Vater des Mädchens die Entführer zu vorgegebenen Zeiten vom Flussufer aus kontaktieren. Antworten werden sie ihm anschließend per Post.

Als Beweis dafür, dass sich Maja tatsächlich in der Hand der Erpresser befindet, haben sie ihrem Schreiben eine Haarspange des Mädchens beigelegt.

Von dem üblichen Vorgehen bei anderen Entführungen unterscheidet sich dieser Fall von Anfang an darin, dass die

Erpresser keine konkrete Lösegeldsumme nennen. Stattdessen stellen sie die Frage, wie viel den verängstigten Eltern das Leben ihrer Tochter wert ist.

Drei Tage später bietet Majas Vater den Kidnappern 800.000 DM an. Diesen Betrag akzeptieren sie, ohne zu zögern. Sie weisen aber darauf hin, dass sich diese Summe mit jeder gescheiterten Lösegeldübergabe um 50.000 DM erhöhen wird.

Am Weihnachtsabend schlägt der erste Versuch in einem D-Zug fehl. Höchstwahrscheinlich beobachten die Erpresser, dass Majas Vater in Begleitung von mehreren Polizisten in Zivil in den Zug einsteigt. Aus diesem Grund melden sie sich an diesem Tag nicht noch einmal.

Damit beginnt für Majas Eltern ein nahezu unerträgliches Auf und Ab, ein grausamer Albtraum zwischen Hoffen und Bangen.

Im Laufe der folgenden Wochen und Monate scheitern noch zahlreiche weitere Versuche, das Lösegeld zu zahlen, unter anderem zwei missglückte Abwürfe des Geldes aus einem Hubschrauber. Beim ersten Mal wird das vereinbarte Funksignal nicht empfangen und beim zweiten Mal startet der Hubschrauber zu spät, weil die Polizei noch auf ein Aufklärungsflugzeug wartet.

Wie es die Entführer zuvor angekündigt hatten, erhöht sich der Betrag ihrer Forderung mit jedem Misserfolg.

In demselben Zeitraum erhalten die Eltern in gewissen Abständen neue Lebenszeichen von ihrer Tochter, wie zum Beispiel eine

Tonbandkassette, auf der sie den Forderungen ihrer Entführer Nachdruck verleiht, und einen von Maja geschriebenen Brief.

Am Neujahrstag des Jahres 1982 wenden sich Majas Eltern in einer Rundfunksendung an die Öffentlichkeit. Für sachdienliche Hinweise auf den Aufenthaltsort ihrer Tochter bieten sie eine Belohnung in Höhe von 100.000 DM an.

Im Februar 1982 ist die Familie am Ende ihrer Kräfte angelangt. Sie genehmigt eine Großfahndung der Polizei und erhöht den Betrag der ausgeschriebenen Belohnung auf 250.000 DM. Daraufhin gehen Hunderte von Hinweisen aus der Bevölkerung ein, aber keiner führt die Ermittler auf eine brauchbare Spur.

Vier Wochen später sehen die verzweifelten Eltern keinen anderen Ausweg mehr, als die versprochene Belohnung zurückzuziehen und die Polizei dazu aufzufordern, die Fahndung einzustellen. Von jetzt an spielt es für sie keine Rolle mehr, ob die Entführer ihrer Tochter eines Tages für ihr Verbrechen zur Rechenschaft gezogen werden. Es geht ihnen nur noch um Majas Freilassung.

Während der gefühlten Ewigkeit seit der Entführung der Achtjährigen haben Majas Eltern das Vertrauen in die Polizei mehr und mehr verloren. Von diesem Zeitpunkt an informieren sie die Ermittler nicht mehr über den weiteren Verlauf der Ereignisse. Stattdessen schalten sie private Vermittler ein, einen Journalisten mit weitreichenden Erfahrungen auf diesem Gebiet und einen ehemaligen Direktor des Bundeskriminalamtes.

Im März 1982 beten 500 Menschen in Majas Heimatstadt gemeinsam dafür, dass das Mädchen wohlbehalten nach Hause zurückkehren wird.

Mittlerweile kommunizieren die Vermittler mit den Entführern über Zeitungsanzeigen und die Lösegeldforderung hat sich auf 1,5 Millionen DM erhöht. Somit beträgt sie jetzt nahezu das Doppelte des ursprünglich vereinbarten Betrages.

Im Mai 1982 wirft einer der beiden Vermittler das Lösegeld auf ein vereinbartes Signal hin aus einem fahrenden Zug. Diesmal gelingt die Geldübergabe.

Im Anschluss daran leiden Majas Eltern noch drei nicht enden wollende Tage lang, bis einer der Mitarbeiter einer Autobahnraststätte Maja W. zufällig vor dem Gebäude entdeckt. Dorthin hatten sie die Entführer im Kofferraum eines Autos gebracht.

Ganz Deutschland atmet erleichtert auf. An 149 grauenvollen Tagen sind Majas Eltern fortwährend durch die Hölle gegangen. Jetzt dürfen sie ihre geliebte Tochter endlich wieder in ihre Arme schließen. Das Mädchen ist zwar geschwächt, wie durch ein Wunder aber gesund und unversehrt.

Dass sie nicht nur träumen, begreifen ihre überglücklichen Eltern nur langsam und allmählich.

Was auf diesen Albtraum folgt, klingt fast zu schön, um wahr zu sein. Schon bald geht Maja W. wieder zur Schule, wo sie sich alle Mühe gibt, den versäumten Stoff nachzuholen.

Für eine gewisse Zeit wird sie noch von Ärzten und Psychologen betreut, was aber nicht allzu lange erforderlich ist.

Schritt für Schritt findet die Achtjährige die Kraft, über ihre Erlebnisse zu sprechen. Maja W. erzählt ihren Eltern, dass sie während ihrer Gefangenschaft in einem abgedunkelten, nur von einer Taschenlampe erhellten Raum von zwei Personen bewacht wurde, von einer Frau und einem Mann. Laut ihrer Aussage wurde sie nie misshandelt oder bedroht und nicht einmal gefesselt. Ihre Entführer hätten sogar versucht, ein freundschaftliches Verhältnis zu ihr aufzubauen. Beispielsweise durfte sie schreiben und malen und man versorgte sie regelmäßig mit Büchern, Märchen-Kassetten und Comic-Heften.

Über Majas detaillierte Beschreibungen des Verstecks der Entführer wird die Öffentlichkeit in einer bekannten Fernsehsendung informiert. Aus den daraufhin eingehenden Anrufen ergibt sich aber keine heiße Spur.

Was mit dem Lösegeld geschehen ist, bleibt bis heute ebenfalls ein Rätsel. Einige der Geldscheine mit den registrierten Nummern werden im Dezember 1982 von Kindern in einem Wald gefunden. Ungefähr zur selben Zeit versuchen vier Männer, 400.000 DM des Lösegelds in der Türkei umzutauschen. Auch sie geben bei ihrer

Verhaftung an, das Geld im Wald entdeckt zu haben. Da sie nicht einmal ansatzweise über die Intelligenz, die Ortskenntnisse und die Kaltblütigkeit der Entführer verfügen, stellt sich schnell heraus, dass sie mit dem Verbrechen tatsächlich nichts zu tun haben.

Mit hoher Wahrscheinlichkeit wird das restliche Lösegeld im Ausland in Umlauf gebracht.

Trotz der intensiven Fahndung gibt es bis zum heutigen Tag keinen entscheidenden Hinweis auf die Identität der Entführer von Maja W. Sie befinden sich nach wie vor auf freiem Fuß.

Heute lebt Maja W. mit ihrer Familie in einer anderen Stadt. Schon vor Jahren hat ihr Vater der Öffentlichkeit mitgeteilt, dass dieser Fall für seine gesamte Familie abgeschlossen ist und dass sie nie wieder darauf angesprochen werden möchten.

Kapitel 9:

Gut versicherte Grausamkeit

Wie unzählige andere Mädchen ist die auf dem Land aufgewachsene Susanne T. schon in sehr jungen Jahren völlig vernarrt in Pferde. Im Gegensatz zu den meisten, die diese Liebe mit ihr teilen, hat sie aber das große Glück, auf einem Hof im Nordosten unseres Landes einen Ausbildungsplatz zur Pferdewirtin zu bekommen.

Vom ersten Tag an schließt sie die Tiere des Hofes in ihr Herz. Sie weiß mit absoluter Sicherheit, dass sie ihren Traumberuf gefunden hat.

Bei ihrer Arbeit lernt die hübsche, junge Frau im Frühling 2011 den zwei Jahre älteren Mario P. kennen. Da dieser als Reiter an Springturnieren teilnimmt, finden sie schnell einen gemeinsamen Nenner. Mit Mario P. kann Susanne T. endlos über Pferde reden. Eines Tages stellt sie verwundert fest, dass sie sich rettungslos in den sympathischen, gut aussehenden Mann verliebt hat.

Als sie spürt, dass er ihre Gefühle erwidert, schwebt die 21-jährige Susanne T. auf Wolke sieben. Das Leben könnte unmöglich noch schöner sein.

Schon bald beginnt das junge Paar, von einer gemeinsamen Zukunft auf einem eigenen Reiterhof zu träumen. Von der Aufzucht und von dem Verkauf edler Pferde versprechen sich die beiden Glück und Wohlstand.

Um die Verwirklichung ihrer Pläne in Angriff zu nehmen, ziehen sie im Herbst 2011 auf einen Pferdehof im selben Bundesland. Dass es so reibungslos funktionieren würde, hätte Susanne T. vorher nie geglaubt. Es ist aber nur machbar, weil Anita P. den Hof gepachtet hat, um ihren Sohn zu unterstützen. Als gut verdienende Finanzberaterin bei einer Bank meint Marios Mutter, sich diesen Luxus leisten zu können.

Weil sie die monatlichen Gesamtkosten aber doch unterschätzt hat, gerät sie bereits nach wenigen Wochen in finanzielle Schwierigkeiten. Die Pacht kann sie in ihrer misslichen Lage ebenso wenig bezahlen wie die laufenden Rechnungen für die Nebenkosten, die Kfz-Versicherung und den Tierarzt. Wie es zu erwarten war, kündigt der Eigentümer des Hofes umgehend den Vertrag.

Der bedingungslosen Liebe von Susanne T. zu Mario P. können diese Rückschläge aber nichts anhaben. Im Anschluss an ihre Verlobung lässt sie sich im November 2011 von ihrem Geliebten dazu überreden, eine Risikolebensversicherung über rund 250.000 Euro abzuschließen. Zu wissen, dass ihr zukünftiger Mann im Fall ihres Todes wenigstens finanziell abgesichert sein wird, beruhigt sie ungemein.

Nachdem ihr die für die Versicherung erforderliche ärztliche Untersuchung keine Hürden in den Weg gelegt hat, unterschreibt Susanne T. den Vertrag Anfang Dezember 2011.

Dies scheint für Anita und Mario P. aber noch längst nicht genug zu sein. Über einen Makler schließen Mutter und Sohn im Namen von Susanne T. noch in demselben Monat bei verschiedenen Versicherungsgesellschaften sieben weitere Risikolebensversicherungen ab. In jedem dieser Verträge ist Mario P. als der Begünstigte eingetragen. Daraus ergibt sich im Fall des Ablebens von Susanne T. eine an ihren Verlobten auszuzahlende Gesamtsumme von mehr als zwei Millionen Euro.

Von diesen zusätzlichen Verträgen ahnt Susanne T. allerdings nicht das Geringste. Sie wurden allesamt ohne ihr Wissen mit ihrer gefälschten Unterschrift abgeschlossen.

Diese Vertragsabschlüsse bilden den Startschuss für eine Reihe von Mordversuchen.

Um sich ein wasserdichtes Alibi zu verschaffen, fährt Mario P. eines Abends im April 2012 zu einer Tankstelle, die mit einer Videokamera überwacht wird. Währenddessen stößt seine Mutter Susanne T. zu Hause aus heiterem Himmel ein Messer in den Rücken. Wie durch ein Wunder werden bei diesem Angriff keine inneren Organe verletzt. Völlig geschockt, verwirrt und orientierungslos setzt sich Susanne T. zur Wehr, bis Anita P. die Flucht ergreift.

Als Mario P. zurückkehrt, bringt er seine Verlobte in ein Krankenhaus, wo man sie mehrere Tage lang auf der Intensivstation behandelt.

Nach ihrer Genesung zieht Susanne T. zurück zu ihren Eltern und erstattet Anzeige gegen Anita P.

Bei ihrer Vernehmung sagt die Mutter von Mario P. aus, sie hätte an dem betreffenden Abend eine Art Blackout erlitten. Da die Ermittler daraufhin davon ausgehen, dass sich Anita P. zum Zeitpunkt der Tat in einer psychisch gestörten Verfassung befand, wird das Verfahren wegen gefährlicher Körperverletzung nach kurzer Zeit wieder eingestellt.

Trotz dieses traumatischen Erlebnisses bricht Susanne T. den Kontakt zu ihrem Verlobten nicht ab. Sie hält ihn für vollkommen unschuldig und ahnungslos.

Im Juni 2012 lernt Mario P. die 20-jährige Hobby-Reiterin Melissa M. kennen, die sich Hals über Kopf in ihn verliebt. Ihre Gefühle weiß er schnell zu nutzen, indem er ihr eine gemeinsame Zukunft in Aussicht stellt und sie dazu drängt, seine Verlobte Susanne T. zu vergiften. Dafür verspricht er ihr zusätzlich noch eine Belohnung in Höhe von 50.000 Euro.

Die unerfahrene, junge Frau ist dumm und skrupellos genug, um darauf einzugehen, und verabredet sich mit Susanne T. auf einem

Parkplatz. Angeblich möchte sie ein Pferd von ihr kaufen. Der Sekt, den sie Susanne T. in einem Plastikbecher anbietet, enthält Kaliumchlorid, das Mario P. in einer Apotheke gekauft hat.

Weil Kaliumchlorid in die Blutbahn injiziert werden muss, um tödlich zu wirken, scheitert auch dieser zweite Mordversuch.

Später sagt Anita P. aus, ihr Sohn hätte von dem Anschlag nichts gewusst und das Kaliumchlorid als Nahrungsergänzungsmittel für seine Pferde erworben.

Im Anschluss an den unerfreulichen Fehlschlag bittet Melissa M. ihren in einer westdeutschen Großstadt lebenden Bruder Sebastian um die Vermittlung des Kontakts zu einem Bekannten, der bereit wäre, einen Auftragsmord zu begehen. Ohne zu zögern, stellt ihr der mehrfach vorbestrafte Sebastian M. den 22-jährigen, ebenfalls wegen kleinerer Delikte vorbestraften Klaus C. vor. Dieser fordert eine Bezahlung in Höhe von 500 Euro und übernimmt den Auftrag anstandslos.

In einer lauen Sommernacht im Juni 2012 übernachtet Mario P. bei Susanne T. im Haus ihrer Eltern. Von dort aus schickt er eine SMS an Melissa M. Deren Inhalt lautet sinngemäß: „Einen dritten Misserfolg können wir uns nicht leisten."

Für den Abend des darauffolgenden Tages verabredet Mario P. mit Susanne T. ein Treffen auf dem Parkplatz eines Freibades. Dort wartet Klaus C. in seinem Versteck auf das Erscheinen seines Zielobjektes.

Als Susanne T. gegen 22.00 Uhr an dem vereinbarten Treffpunkt ankommt, greift Klaus C. sie augenblicklich an. Während er sie mit einem Seil erdrosselt, beobachten Mario P. und Melissa und Sebastian M. den mehrere Minuten lang andauernden Todeskampf des Opfers aus kurzer Entfernung.

Am nächsten Morgen entdeckt eine Spaziergängerin die Leiche von Susanne T. auf dem Parkplatz.

Zu Beginn der Ermittlungen geht die Polizei davon aus, dass es sich höchstwahrscheinlich um eine Beziehungstat handelt. Aus diesem Grund konzentrieren sich die Ermittler auf Mario P., den sie als Tatverdächtigen in Untersuchungshaft nehmen.

Eine Woche später wird auch Klaus C. festgenommen, nachdem er in seiner Heimatstadt vor mehreren Zeugen mit seiner Tat geprahlt hat.

Im weiteren Verlauf der Ermittlungen rücken die finanziellen Probleme von Mario und Anita P. mehr und mehr in den Vordergrund der Untersuchungen. Demzufolge wird zwei Wochen später auch Anita P. verhaftet.

Jede neue Erkenntnis bringt die Ermittler zunehmend zu der Überzeugung, dass Susanne T. aus reiner Habgier heimtückisch und brutal ermordet wurde.

Im März 2013 wird der Prozess gegen die mutmaßlichen Täter vor dem Landgericht eröffnet. Dabei treten die Eltern des Opfers als Nebenkläger auf.

Mit ihren Aussagen vor Gericht belasten sich die an dem Mordkomplott Beteiligten gegenseitig, bis Melissa M. dem Druck nicht mehr länger standhalten kann und ein umfassendes Geständnis ablegt.

Als den Grund für ihre Entscheidung gibt sie an, sie müsste die schrecklichen Bilder aus ihrem Kopf herausbekommen. Sich selbst beschreibt sie als eine labile Frau, die ausnahmslos alles dafür getan hätte, die Zuneigung von Mario P. zu gewinnen.

Erst ihre detaillierte Beschreibung des gesamten Tathergangs sorgt für endgültige Klarheit.

Auf dieser Grundlage verurteilt das Landgericht Mario und Anita P. Ende Januar 2015 wegen Mordes und zweifachen versuchten Mordes mit einer besonderen Schwere der Schuld zu lebenslangen Freiheitsstrafen. Da das Gericht sie als die beiden Drahtzieher hinter den abscheulichen Verbrechen betrachtet, werden sie nach 15 Jahren keine Aussicht auf eine vorzeitige Entlassung auf Bewährung haben.

Klaus C. und Sebastian M. erklärt das Gericht des Mordes und der Anstiftung zum Mord für schuldig. Auch sie erwartet eine lebenslange Freiheitsstrafe.

Weil Melissa M. durch ihr Geständnis maßgeblich dazu beigetragen hat, den Tathergang vollständig aufzuklären, verurteilt sie das Gericht wegen Mordes und versuchten Mordes nur zu vierzehn Jahren und sechs Monaten Freiheitsentzug. Diesen Beschluss begründet das Gericht mit der Auffassung, sie wäre von Mario P. manipuliert und benutzt worden.

Im Jahr 2016 werden die Urteile rechtskräftig.

Aus reiner Geldgier und mit einer kaum noch zu überbietenden Hartherzigkeit wurde ein junges Leben eiskalt ausgelöscht. Wozu die Habgier manche Menschen treiben kann, ist oftmals noch weitaus unheimlicher, als jede erfundene Geschichte es jemals sein könnte.

Kapitel 10:

Erstickte Kinderträume

Viel mehr als ihr eigenes Zimmer in der Mietwohnung ihrer Eltern in einem achtgeschossigen Wohnblock hat das für ihr Alter erschreckend kleine und zerbrechliche Mädchen noch nicht gesehen. Um Freunde in ihrem Alter zu finden und mit ihnen spielen zu können, müsste sie nach draußen gehen. Das darf sie aber nicht. Also träumt sich die siebenjährige Maja F. aus einer norddeutschen Großstadt Tag für Tag aus der Enge ihrer eigenen vier Wände heraus in eine andere Welt. In ihrer Fantasie kann sie dort lachen und tanzen, springen und laufen und all die schönen Dinge tun, die anderen Kindern in ihrem Alter Freude bereiten.

Wenn man träumt, verursacht man keine unerwünschten Geräusche und man stört niemanden.

Ihre Eltern, die 35-jährige Helga F. und den 49-jährigen Tobias W., möchte sie auf gar keinen Fall verärgern.

Auch ihre Eltern zählen nicht zu den vom Glück Begünstigten, die in ein privilegiertes soziales Umfeld hineingeboren wurden. Helga F. hat ihren Vater nie kennengelernt. Ihre Mutter war Alkoholikerin.

Deshalb griff sie auch nicht ein, als ihr damaliger Lebensgefährte ihre Tochter vom Alter von neun Jahren an regelmäßig belästigte.

Kurz nach ihrem 13. Geburtstag entfloh Helga F. ihrem Elternhaus, um von da an bei ihrer Tante zu leben. Ihre Ausbildung zur Friseuse brach sie wegen einer Allergie vorzeitig ab.

Nachdem sie 1991 im Alter von 21 Jahren geheiratet hatte, brachte Helga F. innerhalb von vier Jahren zwei Söhne und eine Tochter zur Welt. Da sie ihre Kinder extrem vernachlässigte, schaltete ihre Tante das Jugendamt ein. Daraufhin wurde der älteste Sohn von Helga F. zur Adoption freigegeben und bei ihrer Scheidung im Jahr 1996 erhielt der Vater das Sorgerecht für die beiden jüngeren Kinder.

Ihre Arbeit als Näherin verlor Helga F. schon sehr bald wieder, weil sie fortlaufend unentschuldigt fehlte.

Wenige Monate nach ihrer Scheidung lernte sie Tobias W. kennen, einen Maler und Lackierer, der gerade aus einer anderen Großstadt neu zugezogen war. Ungefähr ein Jahr später wurde ihre Tochter Maja geboren, die beide Elternteile nie gewollt hatten.

So viel zu dem traurigen familiären Hintergrund des kleinen Mädchens. Kehren wir nun in das Jahr 2005 zurück, in dem Maja F. sieben Jahre alt ist!

An einem kalten, verregneten Morgen im März 2005 ruft Helga F. den Notarzt. Sie gibt an, ihre Tochter hätte sich in der Nacht erbrochen und wäre seitdem bewusstlos.

Als der Notarzt eintrifft, kann er aber nichts mehr für Maja tun. Sie ist schon so lange tot, dass die Leichenstarre bereits eingesetzt hat. Der kleine, abgemagerte Körper wiegt zu diesem Zeitpunkt nur noch 9,6 Kilogramm.

Nicht nur dies erschüttert den Notarzt ebenso tief wie die kurz darauf eintreffenden Ermittlungsbeamten. Auch die gesamte Wohnung befindet sich in einem nahezu unvorstellbar verwahrlosten Zustand.

Der Vater von Maja gibt an, seine Tochter hätte eine Stoffwechselkrankheit gehabt. In ärztlicher Behandlung befand sie sich aber nicht.

Bei der Obduktion des Mädchens stellt der Gerichtsmediziner fest, dass Maja F. aufgrund einer permanenten Unterernährung einen lebensbedrohenden Darmverschluss erlitten hatte. An dem Abend vor dem Eingehen des Notrufes hatte sich das Kind bei der Nahrungsaufnahme erbrochen. Da es zu diesem Zeitpunkt schon viel zu stark geschwächt war, um seine Atemwege eigenständig wieder befreien zu können, erstickte es an seinem Erbrochenen. Lebensgefährliche Vorerkrankungen lagen nicht vor. Das Kind war aber in einer dermaßen schlechten körperlichen Verfassung, dass es bereits seit einiger Zeit nicht mehr richtig wach gewesen sein kann. Mit hoher Wahrscheinlichkeit hat es nur noch vor sich hin gedämmert.

Was die anschließenden Ermittlungen an den Tag bringen, ist nahezu unvorstellbar.

Mehrere Nachbarn sagen aus, sie hätten das kleine Mädchen noch nie gesehen und nicht einmal gewusst, dass es überhaupt existierte.

Seine Eltern hatten es permanent in seinem Zimmer eingesperrt.

Nur in wenigen Ausnahmefällen erhielt ihre Tochter die Erlaubnis, zur Toilette gehen zu dürfen, und etwas zu essen und zu trinken bekam sie äußerst selten und unregelmäßig.

In ihrem ehemaligen Zimmer finden die Ermittler kein einziges Spielzeug. Die Fenster des Zimmers sind mit Schrauben verschlossen und die Glasscheiben mit einer Folie beklebt, die kein Tageslicht in den Raum eindringen lässt. Die Zimmerdecke ist mit Schimmel überzogen und von der Matratze, auf der das kleine Mädchen geschlafen hat, sind nur noch die Sprungfedern übrig. Die Heizung ist auf die niedrigste Stufe gestellt und die Lampe funktioniert nicht.

Den Teppich und das Linoleum auf dem Boden hatte Tobias W. schon vor längerer Zeit entfernt. Mit einem Kupferdraht ohne die erforderliche Isolation verwandelte er den Lichtschalter in eine lebensbedrohliche Gefahrenquelle.

Dennoch bestreitet er entschieden, jemals die Absicht gehabt zu haben, seine Tochter zu töten. Laut seiner Aussage hätte das

Mädchen die Schutzverkleidung des Lichtschalters selbst abgerissen.

Das Gutachten eines Experten bestätigt allerdings die Vermutungen der Ermittler.

Im Laufe der Untersuchungen kämpfen die mit dem Fall betrauten Personen nicht nur einmal mit den Tränen. Fast könnte man meinen, es wäre eine glückliche Fügung des Schicksals, dass Maja F. endlich von ihrem so viele Jahre lang andauernden Leiden erlöst wurde.

In aller Stille wird das Mädchen zehn Tage nach ihrem Tod beigesetzt.

Ihre Eltern hat man bereits am Tag der Entdeckung der Leiche festgenommen. Aufgrund der Fluchtgefahr ordnet der Richter an, dass sie in Untersuchungshaft bleiben.

Während der Vernehmungen sagt Helga F. aus, sie hätte ihre Tochter regelmäßig gefüttert und gepflegt. Ihre Verfehlungen entschuldigt sie mit ihrer eigenen schweren Kindheit.

Tobias W. gibt zu, dass er sich seit dem Ende des vorigen Jahres nicht mehr um sein Kind gekümmert hat, da es ihn deutlich spürbar abgelehnt hätte. Zu Beginn des Jahres 2005 hat er Maja zum letzten Mal lebend gesehen.

Im Juni 2005 erhebt die Staatsanwaltschaft Anklage gegen die Eltern des Mädchens. Ihnen wird die Misshandlung einer Schutzbefohlenen und Mord durch Unterlassung vorgeworfen.

Durch ihre Schuld wurde Maja F. die Chance verwehrt, sich körperlich und geistig so zu entwickeln, wie es ihrem Alter entsprechen würde.

Zusätzlich besteht der Verdacht, Helga F. und Tobias W. hätten einvernehmlich beschlossen, ihr Kind sterben zu lassen, um ihre vorherigen Straftaten zu verdecken.

Im Laufe des Ermittlungsverfahrens zeigen weder der Vater noch die Mutter auch nur einen Hauch von Reue oder Einsicht.

Vor dem Landgericht wird der Prozess gegen die Eltern im August 2005 eröffnet. Erst am zweiten Verhandlungstag räumt Helga F. ein, ihre Tochter vernachlässigt und in ihrem Zimmer eingesperrt zu haben. Seit Februar 2005 verweigerte Maja. zunehmend das Essen und Trinken. Da Tobias W. seit 2003 an einer Leberzirrhose litt, wäre die Beziehung zwischen ihm und seiner Tochter noch weiter erkaltet. Aus diesem Grund hätte sich Maja F. vollständig in sich zurückgezogen. Sie selbst wären aber trotzdem nicht dazu in der Lage gewesen, einen Arzt oder eine Erziehungsberatungsstelle aufzusuchen.

Tobias W. bricht sein beharrliches Schweigen auch vor Gericht nicht.

Der psychologische Gutachter kommt zu dem Schluss, dass die Angeklagten zwar erschreckend gefühlskalt sind, aber an keiner seelischen Erkrankung leiden. Daraus ergibt sich die Schlussfolgerung, dass sie beide schuldfähig sind.

Obwohl der Verteidiger der Eltern eine mildere Strafe wegen Körperverletzung mit Todesfolge und Misshandlung fordert, verurteilt das Landgericht Helga F. und Tobias W. im November 2005 wegen Mordes durch Unterlassung mit dem Merkmal der besonderen Grausamkeit zu lebenslangen Freiheitsstrafen.

Zur Begründung seiner Entscheidung gibt der Richter an, die Angeklagten hätten sogar ihre Katze besser behandelt als ihr eigenes Kind, dem sie jede Form der Zuwendung verweigerten. Den Tod ihrer Tochter nahmen sie seiner Überzeugung nach billigend in Kauf.

Was dieser Prozess ans Licht gebracht hat, erschüttert die Öffentlichkeit in hohem Maße. Gleichzeitig geraten die zuständigen Behörden in das Kreuzfeuer der Kritik.

Warum hat das Jugendamt die Vorgeschichte der drei älteren Kinder von Helga F. ignoriert und sich nicht um das Mädchen gekümmert?

Seit August 2004 war Maja F. schulpflichtig. Auf die drei Schreiben des Schulleiters, der die Eltern dazu aufforderte, ihr Kind in der Schule anzumelden, reagierten sie nicht. Deshalb meldete der Schulleiter der Schulbehörde das Fernbleiben des Mädchens. Insgesamt unternahmen Angestellte der Schulbehörde drei vergebliche Versuche, die Familie in ihrer Wohnung anzutreffen. Auch auf ihre Schreiben erhielten sie keine Antwort. Daraufhin forderte die Behörde von den Eltern ein Bußgeld in Höhe von 60

Euro. Da dieses nie gezahlt wurde und auch die anschließenden Mahnungen keine Reaktion hervorriefen, ging die Schulbehörde davon aus, dass die Familie umgezogen wäre. Aufgrund dieser Annahme stellte man die Bemühungen ein und das zuständige Jugendamt wurde nie über den Fall informiert.

Diese unbegreiflichen Erkenntnisse lösen eine heftige öffentliche Diskussion aus. Ihr vollständiges Versagen begründen die verantwortlichen Behörden vor allem mit dem stetigen Personalmangel, dem Fehlen entsprechend ausgebildeter Fachkräfte und den zu hohen Kosten, die ausreichende Maßnahmen zum Schutz von Kindern verursachen würden.

Letztendlich führt das traurige Schicksal von Maja F. zum Ausbau der staatlichen Kontrollmechanismen und zur Aufstockung des Personals und der Gelder für die zuständigen Behörden.

Im Jahr 2008 wird auf Bundesebene ein neues Gesetz zum Schutz des Kindeswohls erlassen.

Für Maja kommen diese so dringend erforderlichen Maßnahmen aber leider zu spät.

Kapitel 11:

Ehrenmord

Die 18-jährige Djamila A. ist ein Kind unserer Zeit. Ihre Eltern, Fatma und Kerim A., stammen aus dem ländlichen Anatolien und sind zu Beginn der 1990er-Jahre nach Deutschland ausgewandert. Mit diesem für sie nicht ganz leichten Schritt verbanden sie für sich selbst und vor allem für ihre Kinder die Hoffnung auf eine bessere Zukunft.

In der westdeutschen Stadt, in der sie nun seit mehr als zwanzig Jahren wohnen, haben sie sich nach einigen anfänglichen Schwierigkeiten gut eingelebt.

Dort kommt Djamila A. im Jahr 1993 als eines von zehn Kindern der Familie zur Welt. Dass sie zweisprachig aufwächst, verspricht ihr für ihr späteres Leben erhebliche Vorteile.

In ihrer Nachbarschaft sind alle wie verzaubert, wenn sie das niedliche, kleine Mädchen mit den schwarzen Zöpfen und den großen, dunklen Augen anlächelt. In der Schule lernt die ebenso liebenswürdige wie wissbegierige Djamila A. von Anfang an auch viele deutsche Kinder kennen. Manche dieser Kinder werden für sie zu engen Freundinnen und Freunden.

Von ihren Eltern wird sie wesentlich strenger erzogen als ihre Altersgenossinnen, was sie aber nicht allzu sehr stört. Sobald sie ihr Zuhause verlässt, verhält sie sich so wie alle anderen. Im Grunde lebt sie ständig zwischen zwei Welten. Warum sollte es ihr also nicht gelingen, für sich selbst das Beste aus der Verbindung dieser beiden Welten zu machen?

In ihrer Heimatstadt besucht sie bis zum Jahr 2010 mit Erfolg die Gesamtschule. Um sich ihr eigenes Geld zu verdienen und sich damit zumindest einige ihrer sehnlichsten Wünsche erfüllen zu können, arbeitet sie anschließend in einer Bäckerei. Dort lernt sie im Alter von 18 Jahren den 23-jährigen Russlanddeutschen Igor J. kennen. Für die beiden jungen Menschen ist es Liebe auf den ersten Blick.

Als ihre Familie von dieser Beziehung erfährt, reagiert sie alles andere als verständnisvoll. Aufgrund ihres Glaubens, können sich Djamilas Eltern nicht damit abfinden, dass sie einen Mann aus einem anderen Kulturkreis liebt. Ihrer Ansicht nach bringt ihre Tochter damit Schande über ihre gesamte Familie.

Aus diesem Grund wird Djamila A. von ihrer Familie bedroht und beschimpft. Ihr Vater verbietet es ihr strengstens, diesen Mann nur noch ein einziges Mal wiederzusehen. Dem kann und will sich die selbstbewusste junge Frau aber nicht beugen. Es tut ihr zwar weh, ihre Eltern enttäuschen zu müssen, die Stimme ihres Herzens setzt sich aber dennoch durch.

Sobald ihr Vater einsehen muss, dass er mit seinen Verboten und Drohungen nichts erreichen wird, beginnt für Djamila A. eine Zeit des Leidens. Was die Familie mit Worten nicht durchsetzen konnte, soll nun mit Gewalt erreicht werden.

Wieder und wieder wird Djamila A. zu Hause eingesperrt und von ihrem Vater Kerim A. und von ihrem älteren Bruder Amir A. geschlagen.

Schließlich sieht Djamila A. keinen anderen Ausweg mehr, als in ein Frauenhaus zu flüchten und sich von ihrer Familie loszusagen. Um nicht gefunden zu werden, ändert sie sogar ihren Namen, ihre Frisur und ihre Haarfarbe.

Ihre Liebe zu Igor J. gibt ihr die Kraft, die sie in dieser schwierigen Zeit dringend braucht.

Anfang November 2011 verbringt Djamia A. einen unbeschwert glücklichen Tag mit ihrem Geliebten, nach dem sie nicht in das Frauenhaus zurückkehrt. Kurz nach Mitternacht wird das junge Paar urplötzlich von ohrenbetäubendem Lärm geweckt. Zu Tode erschrocken bemerken die beiden, dass vier Brüder und eine Schwester von Djamila A. gewaltsam in die Wohnung von Igor J. eingedrungen sind. Diese zwingen ihre Schwester mit brutalen Mitteln dazu, mit ihnen zu kommen.

Igor J. kann gegen die Übermacht der Angreifer nichts ausrichten, verständigt aber direkt im Anschluss an den Überfall die Polizei.

Noch am gleichen Tag gelingt es den Ermittlern, alle an der Tat beteiligten Geschwister von Djamila A. an zwei verschiedenen Orten zu verhaften und in Untersuchungshaft zu nehmen.

Djamila A. bleibt nach dem Überfall aber spurlos verschwunden.

Im Laufe der Vernehmungen schweigen die Geschwister beharrlich. Angeblich weiß keiner von ihnen etwas über den momentanen Aufenthaltsort von Djamila A.

In der Nacht nach dem Einbruch in die Wohnung von Igor J. haben mehrere Zeugen aus einem nahe gelegenen Wald Schüsse gehört.

Diese Aussagen lösen eine groß angelegte Suchaktion aus, bei der auch ein Polizeihubschrauber eingesetzt wird. Da dies aber zu keinem Ergebnis führt, vermuten die Ermittler zunächst, dass Djamila A. ins Ausland entführt wurde.

Deshalb werden ausländische Behörden um ihre Mithilfe gebeten. Als auch diese Maßnahmen erfolglos bleiben, schließen es die Ermittler nicht mehr aus, dass das Mädchen getötet wurde.

Mitte Dezember bittet die Polizei die Öffentlichkeit in einer bekannten Fernsehsendung um sachdienliche Hinweise. Für diese stellt die Staatsanwaltschaft eine Belohnung in Höhe von 5.000 Euro in Aussicht.

Erst im Januar 2012 entdeckt ein Mitarbeiter eines Golf-Clubs die Leiche von Djamila A. auf einem Golfplatz. Unverzüglich alarmiert er die Polizei.

Dieser grausige Fund bewegt Djamila A.'s Bruder Malik dazu, sein Schweigen zu brechen und den Tathergang zu schildern, soweit er ihm bekannt ist. Dafür, dass er als Einziger ausgesagt hat, entlässt man ihn unter Auflagen aus der Untersuchungshaft.

Drei Wochen später wird Djamila A. im Heimatdorf ihrer Eltern beerdigt. Zu ihrem Begräbnis finden sich rund dreißig Trauergäste ein. Ihre Eltern bleiben der Zeremonie fern.

Anfang März 2012 erhebt die Staatsanwaltschaft Anklage gegen die fünf an der Geiselnahme des Opfers beteiligten Geschwister. Drei von ihnen müssen sich wegen Mordes beziehungsweise wegen der Beihilfe zum Mord verantworten.

Der vom Gericht bestellte psychologische Sachverständige erklärt, der Glaube der Familie würde keine Liebesbeziehung zu einem Andersgläubigen dulden. Außerdem müssten Frauen der Überzeugung der Familie nach bei ihrer Heirat Jungfrau sein. Die Verfehlung eines einzelnen Familienmitglieds würde man als das Versagen der gesamten Familie betrachten. Es gäbe aber keinen einzigen Hinweis auf eine Kurzschlusshandlung und alle fünf Geschwister wären schuldfähig.

Bereits am ersten Tag des Prozesses legt der 22-jährige Amir A. ein Geständnis ab. Weil seine Schwester ihn beschimpft und bespuckt hätte, wäre er nicht mehr Herr seiner Sinne gewesen und er hätte Djamila A. durch zwei Kopfschüsse getötet.

Aber dennoch bleiben Zweifel. Der Vorsitzende Richter vermutet, Amir A. würde sich unter Umständen nur zu der Tat bekennen, um andere Familienmitglieder zu beschützen.

Die an der Entführung beteiligte Schwester Melina A. behauptet, der Mord wäre im Vorfeld nicht geplant gewesen. Ursprünglich hätten sie die Absicht gehabt, Djamila A. mit dem Auto der Familie zu einem ihrer Onkel zu bringen. Als sie auf dem Weg dorthin während einer kurzen Rast im Wagen geblieben wäre, hätte sie plötzlich zwei Schüsse gehört.

Allerdings wäre sie selbst die treibende Kraft hinter dem Kidnapping gewesen. Als Angestellte der Stadt hätte sie Zugang zu den Daten des Einwohnermeldeamtes gehabt. Dadurch konnte sie die Adresse herausfinden, an der sich ihre Schwester Djamila aufhielt. Aufgrund dieser Aussage wird Melina A. von ihrem Arbeitgeber umgehend entlassen.

Mehrere ehemalige Mithäftlinge von Malik A. ziehen ihre Aussagen in letzter Minute zurück, nachdem sie im Gefängnis bedroht wurden.

Gleichzeitig kommen Gerüchte auf, Malik A. wolle mit seiner Familie nichts mehr zu tun haben. Deshalb hätte er die Ermittler um die Aufnahme in ein Zeugenschutzprogramm gebeten.

Die Eltern der Angeklagten, die Ehefrau von Malik A. und ein Cousin verweigern die Aussage.

Als zusätzliche Beweismittel auftauchen, wird nun auch gegen Kerim A., den Vater von Djamila, ermittelt.

Im Mai 2012 verurteilt das Landgericht Amir A. zu einer lebenslangen Haftstrafe wegen Mordes. Melina A. und einen weiteren an der Tat beteiligten Bruder erwartet eine zehnjährige Freiheitsstrafe wegen Geiselnahme und der Beihilfe zum Mord. Für Malik A. und den anderen in die Entführung involvierten Bruder einigt sich das Gericht auf eine fünfeinhalbjährige Haftstrafe wegen Geiselnahme.

In seiner Begründung zu diesen Entscheidungen stellt der Vorsitzende Richter klar, dass Djamila A. mit zwei gezielten Kopfschüssen hingerichtet wurde. Hierbei wäre es nicht um Streitigkeiten innerhalb der Familie, sondern um einen geplanten „Ehrenmord" gegangen.

Bis heute konnte der Ort, an dem Djamila A. starb, nicht ermittelt werden. Die Tatwaffe wurde nie gefunden.

Im November 2012 erhebt das Gericht Anklage gegen Kerim A., den Vater des ermordeten Mädchens. Im Januar 2013 beginnt der Prozess gegen ihn wegen Anstiftung zum Mord und schwerer Körperverletzung. Anfang Februar 2013 wird der 53-jährige Angeklagte wegen Beihilfe zum Mord durch Unterlassen und gefährlicher Körperverletzung zu einer Haftstrafe von sechseinhalb Jahren verurteilt.

Fatma A., die Mutter des Mordopfers, muss sich vor dem Landgericht im Juli 2013 wegen gefährlicher Körperverletzung, Freiheitsberaubung und der Nötigung ihrer Tochter verantworten.

Sie kommt mit einer Freiheitsstrafe von einem Jahr auf Bewährung und 80 Stunden gemeinnütziger Arbeit davon.

Wie die einzelnen Familienmitglieder mit der schweren Last ihrer Schuld weiterleben können, entzieht sich der Vorstellungskraft aller liebenden Eltern und Geschwister.

Kapitel 12:

Eine heimtückische Falle

Rund zweieinhalb Stunden nach Mitternacht geht bei der Polizei einer idyllischen Kleinstadt im Westen unseres Landes im Oktober 1991 ein Notruf ein. Er kommt von einer Notrufsäule auf einem Parkplatz im Wald, der sich in der Nähe einer Fernverkehrsstraße befindet. Deshalb wird er tagsüber hauptsächlich von Wanderern genutzt.

Als der Beamte der Nachtwache den Anruf annimmt, hört er eine männliche, leicht stockend sprechende Stimme. Sinngemäß macht der nächtliche Anrufer die folgenden Angaben: „Guten Tag! Mein Name ist Meyer. Ich hatte gerade einen Wildunfall. Dabei ist zwar niemand verletzt worden, aber die Stoßstange wurde leicht beschädigt. Würden Sie bitte jemanden vorbeischicken?"

Im Laufe seiner zahlreichen Dienstjahre hat der Polizeibeamte während der Nachtschicht schon viel erlebt. Seiner Meinung nach erfordert dieser Notruf nichts weiter als die übliche Routine. Vollkommen unbesorgt informiert er seine Kollegen aus der dem Parkplatz nächstgelegenen Kleinstadt, die in dieser Gegend für Wildunfälle zuständig sind.

Auch die Polizeiobermeister Peter V. und Axel P. sind in dieser Nacht im Einsatz. Vor einer Viertelstunde haben sie einen Autofahrer ins Krankenhaus gebracht, der sich dort nach einer routinemäßigen Verkehrskontrolle einer Blutuntersuchung unterziehen muss. Da die beiden Kollegen Familienväter sind, freuen sie sich schon auf den nahenden Morgen. Nach dem Ende ihrer Schicht wird jeder von ihnen mit seiner Frau und mit seinen beiden Kindern am Frühstückstisch sitzen, um den ermüdenden Nachtdienst angenehm ausklingen zu lassen.

Von dem Krankenhaus aus, vor dem sie jetzt stehen, ist es nicht mehr weit bis zu dem Parkplatz im Wald. Nachdem ihnen die Einsatzzentrale den Notruf gemeldet hat, fahren sie augenblicklich mit ihrem zivilen Streifenwagen los. Insgeheim hoffen die beide, dass sie damit ihre letzte Aufgabe vor dem Dienstende am frühen Morgen erfüllen werden.

Als sie sich auf den Weg gemacht haben, bricht der Kontakt zu ihnen ab.

Eineinhalb Stunden später hat der Einsatzleiter von ihnen immer noch keine Rückmeldung erhalten. Allmählich wird er jetzt doch unruhig. Schließlich kennt er Peter V. und Axel P. seit Jahren als ein perfekt eingespieltes Team, auf das er sich voll und ganz verlassen kann.

In dem Verdacht, sie hätten unterwegs vielleicht einen Unfall oder eine Panne gehabt, schickt er einen zweiten Streifenwagen mit dem Auftrag los, die Kollegen zu suchen.

Die beiden Streifenpolizisten treffen noch vor dem Morgengrauen auf dem Parkplatz im Wald ein. In der Dunkelheit entdecken sie zunächst keinen Hinweis darauf, dass sich Peter V. und Axel P. jemals dort aufgehalten haben.

Leicht irritiert holen sie die Taschenlampen aus ihrem Wagen. Im Gebüsch am Rand des Parkplatzes geben die Lichtstrahlen auf einmal Unheil verkündende Indizien preis. Auf dem Boden erblicken sie leere Patronenhülsen, Blut- und Gewebespuren und Knochen- und Zahnsplitter. Was mag hier nur geschehen sein?

Auf einem nahe gelegenen Truppenübungsplatz stößt ein Jäger gegen 10.00 Uhr morgens auf das völlig ausgebrannte Fahrzeug der vermissten Beamten. An den Seiten weist das Autowrack zahlreiche Einschusslöcher auf. Peter V. und Axel P. selbst scheinen aber vom Erdboden verschluckt worden zu sein.

Ihr mysteriöses Verschwinden löst umgehend eine der größten Suchaktionen aus, die es bisher in Deutschland gegeben hat. An dieser sind nahezu 6.000 Beamte aus drei verschiedenen Bundesländern und Taucher beteiligt, die den Fluss in der Nähe des Tatortes absuchen. Aber auch diese Großfahndung führt zu keinem Ergebnis.

In Angesicht dieser schrecklichen Ungewissheit erweist es sich als ein wahres Glück, dass alle eingehenden Notrufe automatisch aufgezeichnet werden.

Mit der Bitte um sachdienliche Hinweise richtet die Polizei eine Telefonnummer ein, unter der sich die Öffentlichkeit den Anruf des angeblichen „Herrn Meyer" anhören kann. Daraufhin melden sich Hunderte von vermeintlichen Zeugen.

Obwohl ein Nachbar des Täters die Stimme erkennt und eine Belohnung in Höhe von 50.000 DM ausgeschrieben wurde, traut sich dieser Zeuge aus Angst um seine eigene Sicherheit nicht, die Polizei zu kontaktieren.

Letztendlich kommen die entscheidenden Hinweise von mehreren Strafvollzugsbeamten und Häftlingen der Justizvollzugsanstalt, aus der man den 29-jährigen Volker K. nur wenige Wochen zuvor wegen guter Führung vorzeitig entlassen hat. Einhellig identifizieren die Zeugen die Stimme des Kleinkriminellen, der in dieser Anstalt den Großteil einer zehnmonatigen Haftstrafe verbüßt hat.

Vier Tage nach dem Verschwinden von Peter V. und Axel P. stürmt ein Einsatzkommando der Polizei das Haus, in dem sich Volker K. mit seinen beiden Brüdern aufhält. Aufgrund des Überraschungseffekts lassen sich der Tatverdächtige und sein Bruder Robert K. widerstandslos überwältigen. In heller Panik unternimmt der dritte Bruder, Herbert K, einen Selbstmordversuch durch jeweils zwei Messerstiche in seine Brust und in seinen Hals, die er sich selbst zufügt.

Bei der anschließenden Hausdurchsuchung finden die Beamten auf dem Dachboden ein Sturmgewehr mit Zielfernrohr, zwei Maschinengewehre und die dazugehörige Munition.

Nachdem ihn sein 25-jähriger Bruder Robert mit seinem Geständnis belastet hat, hält auch Volker K. dem zunehmenden Druck der Vernehmungen nicht mehr stand. Rund eine Woche nach dem Verbrechen führt er die Ermittler zu der Stelle im Wald, an der die Leichen von Peter V. und Axel P. in einer dicht bewachsenen Nadelbaum-Schonung vergraben wurden.

Ohne jede Vorwarnung sind die beiden Beamten direkt bei ihrem Eintreffen auf dem Parkplatz im Wald durch insgesamt dreizehn Schüsse aus einer Entfernung von weniger als sieben Metern getötet worden. Das Sturmgewehr vom Dachboden des Hauses der drei Brüder wird zweifelsfrei als die Tatwaffe identifiziert.

Später entdecken die Ermittler noch ein weiteres Versteck in der Nähe des Wohnhauses der Brüder K., in dem sich unter anderem die Dienstwaffen der beiden ermordeten Polizisten und größere Mengen von Munition befinden.

Während des 180 Verhandlungstage umfassenden Prozesses, der im Jahr 1992 vor dem Landgericht eröffnet wird, belastet Herbert K. seinen Bruder Volker schwer. In seinen Aussagen stellt er ihn als die ausschlaggebende Kraft hinter dem Verbrechen dar. Obwohl sich Robert K. mehr und mehr in Widersprüche verwickelt, kann seine Beteiligung an der Tat nicht nachgewiesen werden.

Im Zusammenhang mit den im Haus und in dem Versteck der Brüder gefundenen Waffen und der dazugehörigen Munition werden im Verlauf des Prozesses eindeutige Beweise dafür erbracht, dass die Brüder K. im Vorfeld noch andere schwere Straftaten begangen haben.

Unter anderem handelt es sich hierbei um einen Überfall auf eine Kaserne der Bundeswehr im Dezember 1986, um einen Diebstahl auf einem Truppenübungsplatz im April 1987, um einen Raubüberfall auf eine Streife der Bundeswehr im April 1987, bei dem es zu einem Feuergefecht kam, und um einen Überfall auf eine weitere Kaserne der Bundeswehr im Mai 1988. Nachdem ein Wachsoldat mit einem Knüppel niedergeschlagen worden war, kam es auch bei diesem Überfall zu einem Schusswechsel.

Bei allen dieser Straftaten brachten die Brüder K. Waffen, Munition und Ausrüstungsgegenstände der Bundeswehr in ihren Besitz.

Insgesamt kostet der Prozess gegen die Brüder K. mehr als eine Million DM.

Im Februar 1995 verurteilt das Landgericht Volker K. wegen Mordes mit einer besonderen Schwere der Schuld zu einer lebenslangen Haftstrafe. Zusätzlich ordnet der Richter an, dass Volker K. wegen seiner außergewöhnlichen Gefährlichkeit in Sicherheitsverwahrung genommen wird. Die Mindestzeit für die Verbüßung seiner Strafe wird auf 25 Jahre festgelegt.

In der Urteilsbegründung erklärt das Gericht, das Motiv des Täters wäre einzig und allein sein allgemeiner Hass auf die Polizei gewesen.

Wegen Beihilfe zum Mord und Beihilfe zu schwerem Raub erwartet Herbert K. eine zehnjährige Gefängnisstrafe.

Wegen des Mangels an Beweisen wird Robert K. vom Verdacht der Beihilfe zum Mord freigesprochen. Für seine Beteiligung an den Überfällen auf die Kasernen der Bundeswehr und wegen Beihilfe zu schwerem Raub wird er zu einer zweijährigen Freiheitsstrafe auf Bewährung verurteilt.

Nach seiner Pensionierung im Jahr 2016 gibt einer der ehemaligen Ermittler, die mit diesem erschütternden Mordfall betraut waren, eine öffentliche Stellungnahme ab. Auf der Grundlage der Vernehmungen von Robert K. ist er davon überzeugt, dass das Motiv von Volker K. noch wesentlich mehr als sein allgemeiner Hass auf Polizisten gewesen wäre. Stattdessen hätte sich der abgrundtiefe Hass von Volker K. gegen einen ganz bestimmten Polizisten gerichtet, der wegen verschiedener Straftaten gegen ihn ermittelte. Diese Feindseligkeit hätte zu seinem Vorhaben geführt, sich an diesem Beamten zu rächen. Als Vorbild für seine Tat diente ihm eine bestimmte Fernsehserie. Sein eigentliches Ziel hätte darin bestanden, den Mord an diesem Polizeibeamten als einen angeblichen Selbstmord zu inszenieren und dessen Dienstwaffe zu erbeuten.

Die anderen an den damaligen Ermittlungen und an dem Prozess beteiligten Personen können diese Ansicht nicht bestätigen.

Volker K. befindet sich bis zum heutigen Tag in Haft.

Seine Brüder Robert und Herbert K. leben inzwischen unter anderen Namen im näheren Umkreis ihrer ehemaligen Heimatstadt.

Zur Erinnerung an die beiden ermordeten Polizisten wurde auf dem Parkplatz im Wald ein Gedenkstein aufgestellt.

Zwei junge Familienväter hatten sich mit ihrer Berufswahl dazu entschlossen, ihre Mitmenschen zu beschützen. Dafür mussten sie am Ende mit ihrem eigenen Leben bezahlen.

Kapitel 13:

Verliebt, verlobt, verheiratet, tot

Im Alter von 44 Jahren blickt die 1939 geborene Barbara F. bereits auf ein ereignisreiches Leben zurück.

Während des Krieges flüchtet sie mit ihrer Familie aus Oberschlesien nach Deutschland. Hier heiratet sie 1961. Drei Jahre später bereut sie diesen überstürzten Schritt bei ihrer ersten Scheidung.

Für eine Weile arbeitet sie als Altenpflegerin. Ihren vollkommen unrealistisch hohen materiellen Ansprüchen wird das Gehalt für diese Tätigkeit aber nicht einmal annähernd gerecht. Also muss sie sich wohl nach einer einträglicheren Alternative umschauen.

1971 heiratet sie Daniel G., mit dem sie im Laufe der folgenden Jahre drei Bars in verschiedenen ländlichen Ortschaften eröffnet. In Wirklichkeit handelt es sich bei diesen Bars aber um Bordelle. Vielleicht lässt sich ja damit das schnelle Geld verdienen, von dem sie schon ihr Leben lang träumt.

Als dies ebenfalls nicht funktioniert, bietet sie den männlichen Besuchern ihrer Bar in einem Wohnwagen neben dem Gebäude ihren eigenen Körper an.

Schon bald ist auch ihre zweite Ehe am Ende angelangt. Viele Jahre später erzählt sie, sie wäre von Daniel G. ständig misshandelt und geschlagen worden. Nach dieser Erfahrung hätte sie von jungen Männern endgültig die Nase voll gehabt. Von da an will sie ihre Ruhe haben.

Folglich fasst Barbara F. den Entschluss, sich in der Zukunft ausschließlich auf ältere Männer zu konzentrieren. Wenn diese den dringenden Wunsch verspüren sollten, ihr kostspielige Reisen und Autos zu finanzieren oder ihr das eigene Haus zu überschreiben, wäre doch schließlich nichts dabei. Ganz im Gegenteil! Schon aus reiner Höflichkeit darf man Geschenke doch nicht abzulehnen.

So lautet ihre Version der Geschichte. Als ihr Sohn Tobias G. viele Jahre später danach gefragt wird, ergibt sich ein anderes Bild. Er erinnert sich daran, dass seine Mutter erklärt hätte, die meisten älteren Männer wären wohlhabend. Mit etwas Geschick würde sie ihr Vermögen nach ihrem Tod erben. Im Vergleich mit der Schufterei im Seniorenheim wäre das doch eine feine Sache. Nur wenn die alten Herrschaften tatsächlich noch etwas von ihr wollten, fand sie es widerlich.

Um ihren Plan in die Tat umzusetzen, gibt Barbara F. Kontaktanzeigen auf. Als Erster geht ihr im Jahr 1983 der 82-jährige

Otto S. auf den Leim. Er kann sein Glück kaum fassen, als sich die wesentlich jüngere, attraktive und lebenslustige Frau für ihn interessiert.

Noch vor dem Ende des Jahres 1985 hat er sie in seinem Testament zu seiner Alleinerbin erklärt und ihr elf Grundstücke überschrieben. Im Januar 1986 ist er tot.

Obwohl er im Krankenhaus verstorben ist, beginnen seine Verwandten, unangenehme Fragen zu stellen. Es könnte doch nicht mit rechten Dingen zugegangen sein, dass es dem vor Kurzem noch kerngesunden und agilen Otto S. plötzlich so schlecht gegangen sein soll. Aufgrund ihrer Aussagen und der unklaren Todesursache werden Ermittlungen eingeleitet. Da diese zu keinem Ergebnis führen, wird das Verfahren noch im gleichen Jahr wieder eingestellt.

Der 77-jährige Maurermeister Karl M. geht der schwarzen Witwe als Zweiter ins Netz. Nachdem sie auf seine Kontaktanzeige geantwortet hat, schreibt ihm Barbara F. glühende Liebesbriefe. Außerdem besucht sie ihn regelmäßig und präsentiert sich den Nachbarn in seinem Dorf leicht bekleidet in seinem Garten. Als ihn seine Liebe zu ihr restlos um den Verstand gebracht hat, schenkt er ihr große Bargeldbeträge, einen Mercedes und mehrere Luxus-Reisen.

Nach dem Tod von Karl M. erstatten seine in einem anderen Bundesland lebenden Kinder Anzeige. Sie sind sich sicher, dass

Barbara F. ihren Vater heimtückisch um sein Erspartes gebracht und ihn nach und nach vergiftet hat. Aber auch diese Anzeige verläuft im Sande.

Der 83-jährige Werner T, Barbara F.'s dritter Ehemann, wird im Februar 1991 bei einem Raubüberfall in seiner Wohnung von zwei Männern erschlagen. Zum Zeitpunkt seines Todes war er gerade einmal ein halbes Jahr mit Barbara F. verheiratet. Nach diesem tragischen Vorfall fällt kein Verdacht auf die trauernde Witwe.

Ihren Ehemann Nummer vier, den zur Zeit ihrer ersten Begegnung 87-jährigen Albert N. aus einer westdeutschen Großstadt, lernt Barbara F. in Spanien kennen. Mittlerweile hat sie ihr Jagdrevier nämlich bis in den Süden ausgedehnt. Auch bei Albert N. sahnt sie nach Strich und Faden ab. Ihm wird aber das seltene Glück zuteil, im Anschluss an seine anderthalbjährige Ehe mit Barbara F. noch neun Jahre leben zu dürfen. Ausnahmen bestätigen nun einmal die Regel.

Barbara F. denkt darüber nicht nach. Für sie geht die Männerjagd einfach Schlag auf Schlag weiter.

Von dem Geld, das sie mit ihrem neuen „Beruf" erwirtschaftet hat, kauft Barbara F. ein aus zwei Gebäuden bestehendes Anwesen in einer kleinen Gemeinde im nordwestlichen Teil unseres Landes.

Von jetzt an beherbergt sie dort die meisten der Männer, die auf ihre Annoncen hereinfallen. Unter anderem bezeichnet sie sich in ihren

Anzeigen als eine Witwe, die sich um pflegebedürftige ältere Herren kümmern möchte.

Wer sich dazu entschließt, sich von Barbara F. liebevoll betreuen zu lassen, stirbt schon bald ohne einen einzigen Cent in seiner Tasche. Von den auf ein spätes Glück hoffenden Senioren, die ihr ins Netz gehen, erbeutet Sie im Laufe der Jahre insgesamt mehr als 670.000 Euro.

Nur einer der Männer, denen Barbara F. in dieser Zeit begegnet, bleibt bei ihr. Dabei handelt es sich um den alkoholabhängigen Sozialhilfeempfänger Konrad C., dem sie vor einiger Zeit einmal eine kleinere Summe geliehen hatte. Seitdem lebt er in einem Gartenhaus in der Nähe ihres Anwesens, um ihr als Hausdiener und Hofknecht dienen zu können.

Im Jahr 1990 geschieht etwas vollkommen Unerwartetes, das in Barbara F.'s Plänen nie vorgesehen war. Hals über Kopf verliebt sie sich in den 50-jährigen Thorsten B., einen ehemaligen Angehörigen der Bundeswehr. In seinem Fall läuft es andersherum und sie ist auf einmal die diejenige, die ihrem Geliebten Urlaubsreisen und ein Auto finanziert.

Trotzdem gibt sie ihre Beutezüge durch ganz Deutschland nicht auf. Eines Tages verabschiedet sie sich von Thorsten B. mit den Worten: „Ich muss nur noch schnell einen Opa beerben."

Restlos schockiert gibt ihr Thorsten B. augenblicklich den Laufpass. Kurz danach zeigt er sie bei der Polizei an, aber auch dieses Verfahren wird wieder eingestellt und die Akte vernichtet.

Um ihren Liebeskummer zu vergessen, lockt Barbara F. weitere Opfer in ihr Netz.

Erst im August 2007 wendet sich das Blatt wie aus heiterem Himmel. Die Polizei hat Konrad C. auf die Wache bestellt. Barbara F. liegt nämlich ständig im Streit mit ihren Nachbarn, die sie ab und zu auch gern einmal anzeigt. Zu einem dieser Fälle soll Konrad C. nun eine Aussage machen.

Auf dem Land kennen die Polizeibeamten jedes einzelne Mitglied der Dorfgemeinschaft. Deshalb überrascht es sie maßlos, dass Konrad C. an diesem Morgen nüchtern, sauber und ordentlich gekleidet auf der Wache erscheint. Noch ahnen sie nicht, dass Konrad C. an diesem Tag reinen Tisch machen möchte.

Sein einleitender Satz: „Wenn wir hier fertig sind, brauchen Sie Ihre Handschellen", bringt eine Lawine ins Rollen. Er redet und redet - und das über mehrere Wochen hinweg.

Offensichtlich möchte er sich endlich aus der Abhängigkeit von Barbara F. befreien und einen endgültigen Schlussstrich ziehen. Dass diese Frau ihm die Familie, die er nie hatte, nicht ersetzen kann, hat er inzwischen schmerzhaft begriffen. Außerdem befürchtet er, dass sie ihn irgendwann auch vergiften wird.

„Das Geld und der ganze Scheiß hat sie total verrückt gemacht", erklärt Konrad C.

Ohne zu zögern, enthüllt er auch sämtliche Details seiner Beihilfe zu den Verbrechen.

Erst Schritt für Schritt begreifen die Beamten, dass in ihrem Büro gerade ein neues Kapitel der deutschen Kriminalgeschichte geschrieben wird. In einem Zeitraum von mehr als zwanzig Jahren hat die Beschuldigte systematisch ältere Männer ausgenommen und die meisten von ihnen getötet.

Die Ermittler können ihren Ohren kaum trauen.

Im Anschluss an die erschütternden Darlegungen von Konrad C. wird Barbara F.'s Sohn Tobias G. zur Vernehmung bestellt. Auch gegen ihn führt seine Mutter übrigens einen erbitterten Rechtsstreit, mit dem sie das Sorgerecht für ihre Enkelin erkämpfen will.

Tobias G. sagt aus, dass sich die Männer seiner Mutter überwiegend in einer guten körperlichen Verfassung befanden, wenn sie bei ihr ankamen. Schon wenig später wären sie dann aber von Tag zu Tag schwächer geworden, bis sie nur noch im Bett liegen konnten. Hauptsächlich hätte dies wohl an den Psychopharmaka gelegen, die sich seine Mutter von einem Arzt verschreiben ließ, um sie den Männern ins Essen zu mischen. Zusätzlich hatten diese Medikamente die willkommene Nebenwirkung, die Männer noch willenloser und freigiebiger zu machen.

Im Laufe der umfassenden Ermittlungen werden Barbara F. zweifelsfrei vier Morde nachgewiesen, die sie in der Zeit zwischen 1994 und dem Jahr 2000 begangen hat. In mindestens acht weiteren Todesfällen ist sie dringend tatverdächtig. Hier reichen die Beweise letztendlich aber nicht aus.

Ihre Opfer stellte sie ausnahmslos mit Medikamenten ruhig. Wenn dies nicht schnell genug zu ihrem Tod führte, half Barbara F. nach, indem sie die wehrlosen Senioren erdrosselte oder sie mit einem Kissen oder mit einer Plastiktüte erstickte. In mehreren Fällen ging ihr dabei der aufgrund seiner geistigen Verfassung vermindert schuldfähige Konrad C. zur Hand. Einige der Leichen wurden verbrannt oder vergraben.

Im Jahr 2009 verurteilt das Landgericht die mittlerweile 69-jährige Barbara F. wegen vierfachen Mordes zu einer lebenslangen Haftstrafe. Ihre anschließende Berufung wird abgewiesen.

Ihr Handlanger Konrad C. muss eine zwölfjährige Freiheitsstrafe verbüßen.

2014 verklagt Barbara F. den neuen Besitzer ihres Hauses, das inzwischen zwangsversteigert wurde. Ihrer Aussage nach hätte er unrechtmäßig Gegenstände aus ihrem persönlichen Besitz entsorgt. Die Klage wird abgewiesen.

Kapitel 14:

Krankhafte Zuneigung

Seit dem Beginn ihrer Schulzeit verkörpern der 18-jährige Martin S. und der 19-jährige Andreas P. aus einer Stadt in Süddeutschland den Inbegriff der allerbesten Freunde.

Als Kinder waren sie auf den Spielplätzen und in den Wäldern ihrer näheren Umgebung unzertrennlich. In der Schule haben sie nebeneinander gesessen und jede freie Minute zusammen verbracht. Und jetzt besuchen sie gemeinsam das Wirtschaftsgymnasium in einer Nachbarstadt.

Dennoch trügt der äußere Schein. Von dem Beginn ihrer Freundschaft an haben die beiden Jungen aus wohlhabenden Familien nie auf der gleichen Stufe gestanden.

Weil Andreas P. wesentlich ruhiger, zurückhaltender und unsicherer ist, gibt Martin S. den Ton an. Früher hat immer nur er darüber entschieden, was sie zusammen spielen und unternehmen sollten. Daran hat sich bis heute nichts geändert.

Andreas P. blickt auch weiterhin zu seinem einige Monate jüngeren Freund auf und kann sich ein Leben ohne ihn schon längst nicht mehr vorstellen. Tief in seinem Inneren ist er felsenfest davon überzeugt, dass er niemals einen anderen oder vielleicht sogar einen besseren Freund finden könnte. Aus diesem Grund befolgt er die Anweisungen von Martin S. auch während des Übergangs zum Erwachsenenalter noch ebenso bereitwillig wie in der Grundschule. Auch die Eltern der beiden jungen Männer sind gute Bekannte.

Im Jahr 2009 folgt Martin S. am Gründonnerstag der Einladung der Eltern von Andreas P. zum Abendessen. Während des gemütlichen Beisammenseins sprechen die jungen Männer bereitwillig über ihre Zukunftspläne.

Nach dem Essen verabschieden sich die beiden Freunde, weil sie sich bei Martin S. einen spannenden Film anschauen möchten, der gerade auf DVD erschienen ist.

Als sie im Haus der Familie S. ankommen, haben sich Martins Eltern, ein 57-jähriger Heilpraktiker und seine 55-jährige Hausfrau, bereits auf den Weg gemacht, um den Abend in einem Lokal zu verbringen.

Im Wohnzimmer sitzen die Schwestern von Martin S. mit einer großen Schüssel voll Popcorn kichernd vor dem Fernseher. Eine der beiden hübschen, manchmal ein wenig übermütigen jungen Frauen ist 22, die andere 24 Jahre alt. Beide haben sich vor Kurzem dafür entschieden, gemeinsam Pädagogik zu studieren.

Ihren seit Langem bekannten Gewohnheiten entsprechend, gehen Martin S. und Andreas P. nach einem kurzen Gruß direkt nach oben. Im Zimmer von Martin S. denken sie aber nicht einmal ansatzweise an einen Film. Stattdessen ziehen sie sich die ausrangierten Jeans, die dunklen Regenjacken und die Gummischuhe an, die auf dem Boden des Kleiderschranks auf sie warten. Aus dem Versteck hinter der Kommode holen sie die Kleinkaliber-Pistolen, die die jungen Männer ein halbes Jahr zuvor aus dem Klubhaus ihres Schützenvereins entwendet haben.

Anschließend kommen sie ruhig und besonnen die Treppe herunter. Ohne auch nur noch eine einzige Sekunde lang darüber nachzudenken, richtet Andreas P. seine Waffe auf die völlig ahnungslosen Schwestern von Martin S. Eine der beiden jungen Frauen wird von zehn, die andere von neun Kugeln getroffen. Als Schalldämpfer kommen leere Plastikflaschen zum Einsatz.

Nachdem sie sich kurz darauf wieder umgezogen haben, statten Martin S. und Andreas P. Martins Eltern einen Besuch ab. So, als ob überhaupt nichts geschehen wäre, setzen sie sich in dem Lokal, in dem sich die Eltern aufhalten, für eine halbe Stunde an ihren Tisch. Während der darauffolgenden unbeschwerten Unterhaltung erregen sie keinerlei Verdacht.

Im Anschluss daran gehen sie wieder nach Hause zu Martin S., wo sie erneut ihre Kleidung wechseln. Hinter der Eingangstür warten sie auf die Rückkehr von Martins Eltern. Sobald diese das Haus kurz nach Mitternacht betreten haben, werden auch sie ohne den Hauch einer Vorwarnung aus nächster Nähe erschossen, der Vater mit acht, die Mutter mit drei Kugeln.

Wie er es schon unzählige Male zuvor getan hat, übernachtet Martin S. anschließend bei seinem Freund Andreas P. Beide schlafen tief und fest.

Am Morgen des Karfreitags kehren die beiden jungen Männer zum Haus von Martin S. zurück, der von dort aus gegen 11.00 Uhr die Polizei verständigt. Mit deutlich spürbarem Entsetzen in seiner Stimme gibt er vor, sie hätten die Leichen seiner Familie bei ihrer Ankunft vor wenigen Minuten entdeckt.

Da keine Einbruchsspuren vorhanden sind, dauert es nicht lange, bis sich der Verdacht der eintreffenden Ermittler auf die beiden Freunde richtet. Diese verhalten sich zwar seltsam, bestreiten es aber entschieden, etwas mit den Verbrechen zu tun zu haben.

Nachdem die Ermittler an ihren Händen Schmauchspuren nachweisen konnten, stellt der Richter am Samstag die Haftbefehle aus.

Daraufhin bricht Andreas P. bei seiner Vernehmung zusammen. Er gesteht, dass sie die Tat gemeinsam begangen haben, und verrät das Versteck der für die Morde verwendeten Kleidung und der Waffen.

Insgesamt sind aus den Waffen dreißig Schüsse abgegeben worden.

Im Zusammenhang mit diesen hinterhältigen Verbrechen werden Martin S. und Andreas P. auch für den Einbruch in das Klubhaus des Schützenvereins zur Verantwortung gezogen. Dort haben sie im Oktober des Vorjahres 17 Gewehre und Pistolen mit 1.700 Schuss Munition erbeutet.

Am Rande der Ermittlungen kommen zusätzlich die bisher ungeklärten, kleineren Einbrüche ans Tageslicht, die die beiden Freunde im Jahr 2007 „aus reiner Abenteuerlust" begangen haben. Unter anderem entwendeten sie damals aus einer Schule einen Computer und einen Beamer. In einem Supermarkt stahlen sie Bargeld, Alkohol und Zigaretten, obwohl keiner von ihnen raucht.

Vor der Jugendkammer des Landgerichts wird der Prozess gegen die mutmaßlichen Täter im Oktober 2009 eröffnet. Wegen des großen öffentlichen Interesses an diesem Fall treffen die Richter die Entscheidung, einige im Vorfeld ausgewählte Journalisten an der Verhandlung teilnehmen zu lassen.

Vor Gericht sind beide Täter geständig. Andreas P. hält auch weiterhin an seiner Aussage fest, die tödlichen Schüsse allein abgegeben zu haben. Martin S. hätte die Tat geplant und ihn darum gebeten, sie auszuführen. Er wäre aber nicht dazu in der Lage gewesen, seine Familie eigenhändig zu ermorden.

Am sechsten Tag der Verhandlung bestätigt Martin S. die Stellungnahme seines Freundes. Nur in einem einzigen Punkt widersprechen sich ihre Aussagen. Während Andreas P. zu Protokoll gibt, Martin S. hätte bei allen vier Morden direkt hinter ihm gestanden, beharrt Martin S. darauf, er wäre in einem anderen Raum gewesen.

Der psychiatrische Gutachter äußert die Vermutung, Martin S. hätte aus reiner Habgier gehandelt, um das gesamte Erbe in Höhe von rund 270.000 Euro für sich allein zu haben und endlich aus seinem ungeliebten Zuhause ausziehen zu können. Gleichzeitig wollte er sich von seinem Vater befreien, den er als einen Tyrannen betrachtete.

Im Gegensatz dazu nimmt der Gutachter an, Andreas P. wäre von seiner blinden, platonischen Zuneigung zu Martin S. zu dieser Tat getrieben worden. Damit hätte er die Hoffnung verbunden, ihre Freundschaft noch weiter zu stärken und sie für alle Zeit aneinander zu binden.

Im weiteren Verlauf des Prozesses teilt Andreas P. dem Gericht mit, sein Freund wäre in seinem Elternhaus zunehmend unglücklich gewesen. Vor allem wegen seines strengen, dominanten Vaters hätte er sich permanent falsch verstanden und isoliert gefühlt. Deshalb hätte er bereits seit einem Jahr darüber nachgedacht, seine Familie auszulöschen. Dabei wäre er zu der Schlussfolgerung gekommen: „Es gibt nur noch zwei Möglichkeiten. Entweder lebt meine Familie weiter oder ich."

Der Verteidiger von Martin S. bekräftigt die Äußerungen von Andreas P. Soweit er es beurteilen kann, hätte sein Mandant schon seit Jahren Tag für Tag unter den strengen Regeln, den Demütigungen und den Verboten seines Vaters gelitten. Aus diesem Grund entfloh er der Realität letztendlich in eine Welt der Fantasie, in der er sich selbst oder seine Familie tötete.

Die gesamte Tragweite der Konsequenzen dieser grauenvollen Taten scheint Martin S. aber dennoch nicht überblickt zu haben. Trotz seiner problematischen Beziehung zu seinem Vater, die sein bester Freund als den entscheidenden Auslöser für das Heranreifen seines Plans betrachtet, gesteht er seinem Anwalt unter vier Augen: „Am schlimmsten ist es, dass mir mein Vater jetzt so sehr fehlt."

Die fassungslosen Eltern von Andreas P. sind sich hundertprozentig sicher, dass ihr Sohn dieses nahezu unvorstellbare Verbrechen nicht aus materiellen Beweggründen begangen hat. Von seinem Freund Martin S. wäre er in jeder Hinsicht abhängig gewesen. Einzig und allein aus diesem Grund hätte er ausnahmslos alles für seinen besten Freund getan.

Am Ende des Prozesses trifft das Gericht die Entscheidung, Martin S. nach dem Erwachsenenstrafrecht zu einer lebenslangen Haftstrafe mit einer besonderen Schwere der Schuld zu verurteilen. Im Anschluss an diesen Schuldspruch vertritt ein Professor für Strafrecht die Auffassung, das Gericht hätte gegen eine der grundlegenden Vorschriften verstoßen, indem es anstelle eines Psychiaters für Jugendliche einen Psychiater für Erwachsene zum Gutachter ernannte. Der Bundesgerichtshof kann aber keine Rechtsfehler feststellen und bestätigt das Urteil.

Da Andreas P. unter einer nachweisbaren Entwicklungsstörung leidet, einigt sich das Gericht in seinem Fall auf eine Verurteilung gemäß des Jugendstrafrechts. Dass er eigentlich der Ältere ist, spielt hierbei keine Rolle. Ihn belegt das Gericht mit einer zehnjährigen Jugendstrafe.

Wie die beiden jungen Männer zukünftig mit der Erinnerung an ihre Taten weiterleben können, entzieht sich der Zuständigkeit des Gerichts.

Kapitel 15:

Sechs rätselhafte Buchstaben

Im Oktober 1984 lebt der 34-jährige Hartmut T. bereits seit mehreren Monaten in einer permanenten, für sein persönliches Umfeld unbegreiflichen Furcht. Wieder und wieder versucht er, seine Frau davon zu überzeugen, dass „die" ihn verfolgen und dass sie ihm schon sehr bald etwas antun werden.

Vor einiger Zeit hat der Lebensmitteltechniker seinen Arbeitsplatz verloren. Seitdem sucht er verzweifelt nach einem neuen Job. Was ihn so sehr quält, ist aber keine Existenzangst.

Im Grunde könnte sich Hartmut T. glücklich schätzen. In seiner Ehe läuft alles bestens und er ist der stolze Vater einer gesunden und liebenswerten Tochter.

Seine Frau macht sich zunehmend Sorgen um ihn. Trotz all ihrer Bemühungen kann sie aber nicht mehr zu ihm durchdringen. Von Tag zu Tag wirkt er abwesender und zerstreuter.

Wie beinahe an jedem Abend sitzt er am 25. Oktober 1984 neben seiner Frau in seinem gemütlichen Lieblingssessel vor dem Fernseher. Gemeinsam schauen sie sich einen Film an, den sie zwar kennen, den sie aber beide gern noch einmal sehen möchten.

118

Trotzdem scheint Hartmut T. nicht bei der Sache zu sein und den Film ebenso wenig wahrzunehmen wie die Bemerkungen seiner Frau.

Gegen 23.00 Uhr springt er wie aus heiterem Himmel auf und ruft: „Jetzt verstehe ich endlich, was sich hier abspielt. Alle haben sich gegen mich verschworen."

Noch im gleichen Moment reißt er einen Zettel von dem Notizblock auf dem Schreibtisch am Fenster ab und kritzelt hastig die sechs Großbuchstaben „YOG'TZE" auf das Papier. Diese ergeben weder ein gebräuchliches Wort noch einen erkennbaren Sinn.

Wenige Sekunden später streicht er die Buchstaben wieder durch.

Kurz darauf verabschiedet sich Hartmut T. von seiner Frau, weil er noch schnell in das Nachbardorf fahren möchte, um dort in seiner Stammkneipe ein Bier zu trinken.

Genau diesen Plan will er dann auch umsetzen. Nachdem er das Bier bestellt hat, kippt er auf einmal vom Stuhl. Von diesem Sturz bleiben in seinem Gesicht einige Schrammen zurück.

Später lässt es sich aber eindeutig feststellen, dass Hartmut T. nicht betrunken war. Folglich muss es für dieses peinliche Missgeschick einen anderen Grund gegeben haben.

Bei seinen Bekannten entschuldigt er sich damit, dass er einen kurzen Blackout gehabt hätte. Bevor er die Kneipe wieder verlässt, trinkt er dort einen Schnaps und ein Glas Orangensaft.

Auf den Heimweg begibt er sich allerdings nicht. Stattdessen fährt er durch die ländliche Gegend im westlichen Teil unseres Landes zu dem benachbarten Wohnort seiner Mutter und seiner Brüder.

Ungefähr eine Stunde nach Mitternacht, als das gesamte Dorf tief und fest schläft, klingelt Hartmut T. bei einer 76-jährigen Nachbarin seiner Mutter, die er seit seiner Kindheit sehr gut kennt. Die als außerordentlich religiös geltende alte Dame öffnet ein Fenster und schickt den vermeintlich Betrunkenen mit freundlichen, beruhigenden Worten nach Hause. Mit der düsteren Prophezeiung: „In dieser Nacht wird noch etwas ganz Furchtbares geschehen", bittet er sie eindringlich um ein Gespräch.

Daraufhin rät ihm die nette Nachbarin, vielleicht doch besser sein nahe gelegenes Elternhaus aufzusuchen, was Hartmut T. aber ablehnt. Er erklärt, dass man ihn dort nicht verstehen würde. Schließlich verspricht er der alten Dame, sich ihren Ratschlag zu Herzen zu nehmen und nach Hause zu seiner Frau zu fahren.

Nachdem er sich umgedreht hat, um in das Dunkel der Nacht einzutauchen, verliert sich seine Spur für etwa zwei Stunden.

Später stellt sich heraus, dass er wohl doch nicht die Absicht hatte, nach Hause zurückzukehren. Auf einer Fernverkehrsstraße fuhr er stattdessen auf die nächstgelegene Großstadt zu.

Dem ersten Anschein nach ist Hartmut T. unterwegs kurz vor einer Ausfahrt von der Fahrbahn abgekommen und mit seinem Wagen im Straßengraben gelandet.

An dieser Stelle entdecken zwei Lkw-Fahrer gegen 3.00 Uhr morgens sein völlig verbeultes Auto. Augenblicklich halten sie an und gehen auf das Fahrzeug zu, um den möglicherweise in Not geratenen Insassen zu helfen.

Am Unfallort bietet sich ihnen ein erschreckender Anblick. Der schwer verletzte Hartmut T. sitzt unbekleidet auf dem Beifahrersitz. Sein gesamter Körper ist mit Schmutz und Laub bedeckt. Im Fußraum des Fahrersitzes stehen seine Schuhe ordentlich nebeneinander. Den abgezogenen Zündschlüssel findet man später im hinteren Bereich des Wagens auf der Hutablage.

Da der Sterbende noch zeitweilig bei Bewusstsein ist, versucht er mit letzter Kraft, den beiden Helfern mitzuteilen, dass noch vier weitere Männer bei ihm im Auto gewesen wären. Diese hätten inzwischen die Flucht ergriffen.

Auf die Frage hin, ob es Freunde von ihm gewesen wären, schüttelt er den Kopf.

Unverzüglich ruft einer der Lkw-Fahrer von einer Notrufsäule aus die Polizei an und bittet um einen Krankenwagen. Trotz der Bemühungen der Notärzte verstirbt Hartmut T. auf dem Weg zum Krankenhaus.

Bei ihrer Vernehmung sagen die Lkw-Fahrer unabhängig voneinander aus, dass sie in der Nähe der Unfallstelle von ihrem Fahrzeug aus einen blonden Mann in einer hellen Jacke mit Blutflecken am Ärmel gesehen hätten. Dieser wäre um den Wagen von Hartmut T. herumgelaufen, bei ihrem Eintreffen aber nicht mehr dort gewesen.

Im Laufe der anschließenden Ermittlungen stellt es sich heraus, dass sich Hartmut T. die schweren Verletzungen nicht in seinem Auto zugezogen hat. Den Untersuchungsergebnissen zufolge wurde Hartmut T. in der Nacht seines Todes an einem anderen Ort von einem unbekannten Wagen überrollt und erst im Anschluss daran auf den Beifahrersitz seines Autos gesetzt. Bereits zu dem Zeitpunkt, als man ihn überfahren hat, ist er unbekleidet gewesen. Von der Fundstelle seines Wagens stammen nur die Beschädigungen an seinem Fahrzeug.

Die Beamten stehen vor einem Rätsel mit zahlreichen unergründlichen Details. Ohne den geringsten Zweifel hatte Hartmut T. in den letzten Stunden seines Lebens nahezu panische Angst. Aber wovor?

Bei einer der abschließenden Befragungen erinnert sich die Frau von Hartmut T. erst ein halbes Jahr später an die mysteriösen sechs Buchstaben, die ihr Mann auf einen Zettel geschrieben hatte. Was könnte YOG'TZE bedeuten?

Seine Frau gibt an, den Zettel noch vor der Nachricht vom Tod ihres Mannes achtlos weggeworfen zu haben. Hat dieser Notizzettel mit der geheimnisvollen Buchstabenfolge tatsächlich existiert?

Nur eines steht fest. Die Aufreihung der Buchstaben, die sich die Frau von Hartmut T. eingeprägt hat, ergibt keinerlei Sinn. Falls es sich um ein Wort handeln soll, existiert dieses in keiner Sprache der Welt.

In einer bekannten Fernsehsendung wird die Öffentlichkeit über den rätselhaften Fall und über die seltsamen Buchstaben informiert und um sachdienliche Hinweise gebeten. Daraufhin melden sich mehrere Amateurfunker, die übereinstimmend vorschlagen, einen der Buchstaben durch eine ihm ähnelnde Zahl zu ersetzen. Dadurch würde sich ein rumänisches Funkzeichen ergeben. Aber auch diese Erkenntnis bringt die Ermittler keinen einzigen Schritt weiter.

Ein anderer Zuschauer meint, in der betreffenden Nacht hätte ein Anhalter in der Nähe der Unfallstelle eine Mitfahrgelegenheit gesucht. Umgehend fordert die Polizei diesen Unbekannten dazu auf, sich zu melden. Dies hat er bis heute nicht getan.

Auch die Hinweise darauf, dass Hartmut T. während seiner Urlaubsaufenthalte in den Niederlanden Kontakte zur dortigen Rauschgiftszene geknüpft haben soll, verlaufen schon bald darauf im Sande.

Obwohl eine Belohnung in Höhe von 3.000 DM winkt und nach der Fernsehsendung mehr als 170 Anrufe aus ganz Deutschland und aus dem benachbarten Ausland eingehen, führt kein einziger Hinweis zu einem brauchbaren Ergebnis.

Bis zum heutigen Tag lassen sich die Ereignisse, die zum Tod von Hartmut T. geführt haben, nicht rekonstruieren. Im Zusammenhang mit diesem Verbrechen liegen die Antworten auf die zahlreichen unbeantworteten Fragen auch weiterhin im Dunklen verborgen.

Aus diesem Grund erlangte das mit Hartmut T.s letzter Nacht auf Erden verbundene Rätsel die traurige Berühmtheit, zu den unergründlichsten unaufgeklärten Todesfällen der deutschen Kriminalgeschichte zu gehören.

Da ein Mord hierzulande aber nicht verjährt, werden die Akten zu Verbrechen wie diesem nicht geschlossen und regelmäßig aus den Archiven geholt. Bei manchen dieser Fälle haben die neuesten Ermittlungsmethoden inzwischen bereits zu Ergebnissen geführt.

Um die Geheimnisse um den Tod von Hartmut T. eines Tages vielleicht doch noch lüften zu können, setzen die Ermittler vor allem auf die gegenwärtigen Möglichkeiten der DNA-Analyse.

Brauchbare Spuren, die man am Körper des Opfers, an der Kleidung des Toten und im Inneren seines Wagens gesichert hat, stehen dafür nach wie vor zur Verfügung.

Nachdem Hartmut T. überfahren wurde, muss ihn ein Unbekannter in sein Auto gesetzt haben. Mit hoher Wahrscheinlichkeit hat er dabei seine DNA hinterlassen.

Falls der Täter also bereits aktenkundig sein sollte, könnte ein DNA-Vergleich mit etwas Glück auch nach so langer Zeit den entscheidenden Hinweis liefern.

Demzufolge bleibt die Hoffnung bestehen, dass der Mörder von Hartmut K. nach 35 Jahren doch noch identifiziert und zur Verantwortung gezogen werden kann.

Schlusswort des Autors

Liebe Leserin, lieber Leser,

vielen Dank, dass Sie sich Zeit für mein erstes Buch genommen haben. Ich hoffe es hat Sie so sehr bewegt, wie es mich beim Schreiben berührt hat. Lassen Sie uns alle mit aufmerksamen Augen für die Nöte anderer durch die Welt gehen und somit hoffentlich vielen weiteren Tragödien vorbeugen.

Mein Wunsch ist es weitere Fälle über die deutschen Grenzen hinaus zu verfassen. Darf ich Sie, liebe Leser und Leserinnen deshalb zum Abschluss noch um einen Gefallen bitten? Ich komme aus dem Süden Deutschlands. Hier sagen wir oft mit einem Augenzwinkern: „Nicht gemeckert ist genug gelobt". In der Tat habe ich jahrelang Bücher erworben und nur in ganz seltenen Fällen ein positive Rezension hinterlassen. Viele der Bücher fand ich gut und trotzdem habe ich stattdessen meistens nur dann eine Bewertung hinterlassen, wenn mir etwas nicht gefallen hat. Damit bekommen die negativen Äußerungen jedoch ein viel stärkeres Gewicht. Seitdem ich als Autor erleben durfte, wie wichtig Bewertungen in unserem digitalen Zeitalter sind und Meinungen gegensätzlicher nicht ausfallen können hinterlasse ich nun bei jedem gekauften

Produkt eine Bewertung. Machen Sie es mir gleich! Sie würden mir eine große Freude bereiten.

Bei unabhängigen Autoren fällt die öffentliche Meinung stark ins Gewicht. Rezensionen entscheiden über Erfolg oder Misserfolg eines Buches. Sie entscheiden darüber, ob ein Buch gefunden und gelesen wird und ob ein Autor seinen Traum leben kann oder nicht.

Mit einer positiven Bewertung auf Amazon helfen Sie mir dabei. Denn nur durch Rezensionen ist es uns kleineren Autoren, die keine großen Marketingbudgets und Verlag hinter sich haben, möglich öffentlich gefunden zu werden.

Für Kritik, Ideen, Rückmeldungen und Inspiration bin ich immer sehr Dankbar und schriftlich unter folgender E-Mailadresse zu erreichen. AdrianLangenscheid(at)mail.de

Ihr Adrian Langenscheid

Folgen Sie mir auf:
Instagram: @truecrimedeutschland

Facebook:
https://www.facebook.com/True-Crime-Deutschland-Adrian-Langenscheid

TRUE CRIME USA: Wahre Verbrechen echte Kriminalfälle Adrian Langenscheid

„Adrian erzählt Verbrechen in Kurzform, die gerade wegen ihrer kühlen, sachlich-neutralen Schilderung so unter die Haut gehen"
- Wahre Verbrechen, Podcast –

Im Juni 2019 erschien Adrians Debüt, welches sie gerade in den Händen halten. Noch im selben Monat stürmte das True Crime Buch, des bis dato noch unbekannten Schriftstellers Platz 1 der Amazoncharts in der Kategorie Mord.

In seinem zweiten Buch berichtet der Bestsellerautor aufs Neue wahrheitsgemäß, sachlich und frei von jeglicher Sensationsgier über schockierende Straftaten aus der unmittelbaren Nachbarschaft. Die vielen Rückmeldungen zum ersten Buch haben dazu geführt, dass True Crime USA noch spannender und authentischer ist. Wenn ihnen True Crime Deutschland gefallen hat, werden sie das Nachfolgerbuch lieben.

In vierzehn True-Crime-Kurzgeschichten lernen Sie einige der spektakulärsten amerikanischen Kriminalfälle der letzten Jahrzehnte kennen. Gefesselt, schockiert, verblüfft und zu Tränen gerührt, werden sie alles in Frage stellen, was sie über die menschliche Natur zu wissen glauben.

WAHRE VERBRECHEN: Der Podcast

Im True Crime-Podcast "Wahre Verbrechen" erzählt Alexander Apeitos, von "mysteriös" bis "unglaublich", alles was die Kriminalgeschichte hergibt. In jeder Folge widmet er sich neuen faszinierenden Fällen und nimmt seine Hörerschaft so, auf ein kriminelle Zeitreise mit. Obwohl Alex weder Journalist, Detektiv oder Forensiker ist, spürt man ihm seine Leidenschaft und Interesse für echte Kriminalfälle ab. Irgendwie kann er nicht die Finger von wahren Verbrechen lassen. Eine wachsende Zahl an begeisterten Zuhörern folgt ihm dabei. Reinhören lohnt sich!

Printed in Great Britain
by Amazon